NOUS IRONS TOUS À MÉTIS-SUR-MER

La publication de cet ouvrage a été rendue possible grâce à l'aide financière du Conseil des Arts du Canada et du ministère des Affaires culturelles du Québec.

©
XYZ éditeur
C.P. 5247, succursale C
Montréal (Québec)
H2X 3M4

et

Vincent Nadeau

Dépôt légal: 1er trimestre 1993
Bibliothèque nationale du Canada
Bibliothèque nationale du Québec
ISBN 2-89261-079-6

Distribution en librairie :
Socadis
350, boulevard Lebeau
Ville Saint-Laurent (Québec)
H4N 1W6
Téléphone (jour) : 514.331.33.00
Téléphone (soir) : 514.331.31.97
Ligne extérieure : 1.800.361.28.47
Télécopieur : 514.745.32.82
Télex : 05-826568

Conception typographique et montage :
Édiscript enr.

Maquette de la couverture :
Alexandre Vanasse

Illustration de la couverture :
Jerry Leff Associates, Inc., New York

VINCENT NADEAU

NOUS IRONS TOUS
À MÉTIS-SUR-MER

éditeur

Première partie

I

Dans la maison paternelle de Cap-Chat, Marie-Laure Letellier avait grandi en beauté. Le soir, lorsque inlassablement sa demi-sœur Imelda lui brossait sa longue chevelure mordorée et caressait au passage sa nuque, ou ses joues satinées que jamais elle n'exposait au soleil, tout bas elle récitait, stoïque, l'une de ces prières-formules qu'elle avait su retenir par cœur bien avant les premières lettres de l'alphabet. Il y était abondamment question de souffrance, de mal et de péché. Comme par magie, la prière se terminait toujours en même temps que le cérémonial de la chevelure, ensuite de quoi, portant la main droite à son front, à ses deux épaules et à sa bouche, qu'elle avait sanguine, Marie-Laure faisait un grand signe de croix, et saccageait aussitôt les soins attentifs d'Imelda en fourrant pêle-mêle, pour la nuit, ses cheveux resplendissants sous le coton écru d'un invraisemblable bonnet de nuit. Elle allait ensuite affronter l'épreuve des embrassements familiaux, se prêtant de mauvaise grâce à ces effusions bruyantes et humides. Elle ne s'essuyait plus du revers de la main comme quand elle était fillette, mais, toujours dédaigneuse, elle tenait ses distances en jouant la distraite. Nullement rebuté, Isidore, son père, ne pouvait s'empêcher de répéter jour après jour :

— Bonguienne de bonguienne, moi qui pensais que tu serais laide comme un pichou !

Marie-Laure, qui n'accueillait d'habitude la gentille rengaine qu'avec un pincement de la bouche, finit néanmoins par répliquer :

— Mon père, malgré tout le respect que je vous dois, ainsi qu'à ma mère ici présente, sachez que les biens que le Seigneur nous a donnés, Il peut nous les reprendre à l'heure qu'Il juge bon. La beauté humaine est éphémère.

— Ah ! vous autres, gronda Philomène, la troisième épouse dont la bonne humeur ne s'altérait jamais, avec vos farces plates, tout ce que vous allez réussir, c'est de me la faire échouer au couvent ! Allons, ma chérie, ma fille à moi, ne te fâche pas, ils ne connaissent pas mieux.

— Éloignez-vous, maman, cette discussion concerne le chef de famille et moi. Vous qui supportez le poids de la vie comme une sainte, vous avez deviné mon désir le plus cher : que l'on me place au couvent pour n'en plus revenir.

Isidore s'était levé d'un bond, tandis qu'un silence de mort régnait sur la famille rassemblée. Cette fois, il regarda autrement sa fille subitement devenue une étrangère, et du haut de son mètre quatre-vingt-dix, il décréta :

— Moi vivant, ma fille, tu ne deviendras jamais une bonne sœur, car je n'ai pas de dot à perdre là-dessus ! Et apprends que tes simagrées ne m'ont pas trompé un instant : tu aimes le plaisir autant que moi, autant que Philomène. La seule différence entre nous, c'est que tu t'entêtes à ne pas l'avouer. C'est ma décision, je n'en changerai pas.

Marie-Laure, plutôt que d'éclater en sanglots, se jeta aux genoux de son père et releva la tête en soutenant son regard. Le cercle des frères et des sœurs se rapprocha.

— Papa, parvint à prononcer Imelda d'une voix blanche, pauvre créature, vous allez la briser !

— Qu'importe si elle ne vaut pas mieux !

— Pourtant, pourtant, n'avez-vous pas toujours dit qu'elle deviendrait maîtresse d'école ?

— Qu'est-ce que ça change, d'après toi, Imelda ?

Philomène s'interposa :

— Bien sûr, mon homme, au jour d'aujourd'hui, il faut étudier au couvent pour devenir maîtresse d'école. Sans obligation d'entrer dans les ordres.

Comprenant que c'était là sa planche de salut, Marie-Laure embrassa les genoux de son père et attendit ferme sa réponse. Il échangea avec Philomène un long regard d'amoureuse compréhension, toisa son fils Ghislain avec lequel ses rapports étaient orageux.

— Toi au moins, Marie-Laure, tu veux faire quelque chose dans la vie, je te reconnais ce mérite. Et t'as de la suite dans les idées. Même si t'es qu'une fille, je verrai si on n'a pas les moyens de t'envoyer étudier. Tant pis pour tes frères, ils avaient qu'à utiliser leur cervelle.

C'est ainsi que Marie-Laure fut inscrite au couvent de Saint-Pascal-de-Kamouraska, tenu par la congrégation des Petites Sœurs du Bon Secours de Nantes, qui avait essaimé au Canada français à la fin du dix-neuvième siècle dans l'espoir d'y trouver une société moins laïque et moins anticléricale, plus docile aux desseins de Dieu.

Marie-Laure entreprit de préparer sa malle dans l'enthousiasme de qui va partir en voyage autour du monde pour ne plus revenir. Exsudant par tous les pores d'innombrables vies de saintes qu'elle avait dévorées au cours des derniers mois, elle se rêvait grande héroïne du renoncement chrétien, championne incontestée des exercices pieux, humble servante du Seigneur pour lequel elle préparait ce joli trousseau de jeune fille au bord de sa saison des fleurs. Elle pilla sans pitié les tiroirs de ses sœurs, de sa mère, de ses deux marâtres défuntes: rien n'était trop beau. Elle se couvrirait décemment la tête, soit, mais d'un châle de fine dentelle; elle porterait des corsages irréprochables, mais de satin enrubanné; toutes ses jupes seraient parfaitement pudiques, mais virevoltantes et froufroutantes. Quant aux dessous, elle n'en accepterait que de flambant neufs, par respect, avait-elle dit à Philomène, pour Dieu qui voit tout.

Elle était si ingénue et si touchante, dans son débordement de zèle, que chacun tolérait ses empiétements avec une résignation amusée. D'ailleurs, depuis qu'elle était sûre de devenir interne au couvent de Saint-Pascal, ses dédains et sa réserve étaient tombés comme par enchantement. Avec ses sœurs, elle se faisait câline, avec ses parents, tendre. Par ses frères, elle acceptait maintenant de bonne grâce d'être taquinée. Isidore n'en revenait pas de ce changement. Il la prit à part à la veille de partir :

— On dirait, ma Laure, que t'as commencé à t'épanouir le jour où t'as su que tu décampais d'ici. Je me trompe ?

Elle ne chercha pas à répondre. Baissant les yeux, elle s'empara de la main de son père, qu'elle serra un long moment dans les siennes. Au fond de son âme, elle avait compris qu'elle n'irait jamais plus loin dans l'amour de ce père dont la vitalité et le franc-parler la gênaient, et qui se permettait la nuit, avec sa mère Philomène, des privautés... sur lesquelles il aurait été malsain de s'attarder.

Un ultime malentendu entre père et fille manqua dégénérer en drame. Isidore, qui aimait les bateaux avec une passion de terrien attaché à sa glèbe, avait fait passer le mot dans les ports voisins : une superbe fille cherchait à s'embarquer pour Kamouraska, il comptait sur la galanterie des capitaines de goélettes. L'un d'entre eux, râblé, poilu, barbu, se présenta à la maison, par une moite fin de journée du mois d'août, pour discuter l'affaire. Immédiatement, il plut à Isidore, qui lui offrit le petit blanc et l'invita à passer la nuit. La soirée avançait lorsque le capitaine fit remarquer qu'il n'avait pas encore vu sa passagère. Mortifiée, Philomène se précipita à l'étage. Les éclats de voix d'une discussion violente ne tardèrent pas à se faire entendre. Isidore se leva. Philomène redescendit bredouille, la sueur au front.

— Marie-Laure, arrive ici qu'on te parle un peu ! commanda Isidore sèchement.

Elle descendit l'escalier une marche après l'autre, le plus lentement qu'elle put. Le visage en feu, les yeux mouillés, elle attendit.

— Alors, est-ce une façon d'accueillir quelqu'un qui t'offre de te transporter à ton couvent ?

Marie-Laure jeta un regard peureux, mais supérieur sur le capitaine, qui ne put s'empêcher de la trouver charmante et le lui dit. Elle se rebiffa. Puis elle supplia qu'on lui pardonne, elle avait une peur panique de l'eau, l'immensité houleuse la terrifiait, elle aurait le mal de mer, elle se sentait nauséeuse rien que d'y penser. Le capitaine éclata d'un gros rire bruyant.

— Et moi qui croyais lui faire plaisir, gronda Isidore dépité. Ma fille, pas de chichis, tu vas me satisfaire au moins une fois avant de t'en aller. Profite de l'occasion, tu le regretteras pas. Bon, c'est entendu ?

Marie-Laure pâlit d'un seul coup, tourna les talons et s'enfuit dans la campagne. Isidore pâlit aussi, présenta ses excuses à son hôte, qui le complimenta quand même sur la beauté de sa fille si farouche.

— Avec votre permission, souffla Isidore qui peinait à se contenir, je vais prendre l'air moi aussi.

Et, tandis que Philomène se tordait les mains d'inquiétude en tâchant de garder sa dignité de mère devant ce drôle de capitaine que rien ne semblait surprendre, Isidore s'en fut droit à la remise allumer une lampe-tempête, pour se mettre à quadriller ensuite, raide comme un justicier, les abords immédiats de la maison, puis les premiers champs. Les dents serrées, il se pressait tellement qu'il soufflait comme un taureau, repartant chaque fois de plus belle quand il croyait percevoir enfin le bon indice. Il inspecta même le puits dont il souleva le couvercle. Rien, personne.

Alors, il revint vers la maison en étouffant d'horribles jurons, se campa au milieu de la galerie, souleva la lampe au-dessus de sa tête et proféra, pour les oreilles de tous :

— Marie-Laure Letellier, si tu ne te montres pas tout de suite, tu peux dire adieu à tes études chez les sœurs !

Il se fit un lourd silence, seul troublé par le papillonnement furtif des chauves-souris.

— Marie-Laure Letellier, menaça Isidore, je t'aurai avertie !

Un long moment passa, Isidore s'essuya les tempes du revers de sa main gauche. Et puis une espèce d'ombre d'abord grise, puis blanche, apparut dans le halo de lumière. Marie-Laure avançait, la tête haute bien que maculée de terre, blessée au genou et les pieds nus. Elle vint se planter au bas de l'escalier, devant son père. L'œil sévère, ce dernier déposa la lampe derrière lui et, les poings sur les hanches, cingla :

— Tu mériterais...

— Ce que vous déciderez, mon père. Je vous ai déplu.

— Tu le reconnais ? interrogea Isidore, déjà moins courroucé.

En frissonnant d'effroi, Marie-Laure continua :

— Je subirai la punition que vous direz. Même celle qui est réservée aux garçons, si vous en jugez ainsi.

À l'intérieur, Philomène s'était rapprochée de la porte, et le capitaine de la fenêtre. Imelda, saisie, cherchait son souffle, les deux mains à son cou. La pauvre petite avait perdu la tête, elle ne savait vraiment pas à quoi elle s'exposait... Le châtiment qu'elle appelait sur elle-même était trop dur.

— Bon, bon, dit Isidore troublé plus qu'il ne l'aurait voulu, tu y tiens tant que ça à ton couvent ? Mais tu sais bien que je ne peux pas laisser passer pareille incartade. On va en finir tout de suite. Monte ici sur la galerie.

— Seulement, ce n'est pas vous qui me l'infligerez.

— Ah non ? tonna Isidore.

— Non. C'est ma mère Philomène.

— Monte te coucher tout de suite, on verra ce qu'on verra. Ah, tu ne veux pas voyager par bateau, hein ? Ah, tu refuses à présent que ton père te corrige ? On verra ce qu'on verra. Débarrasse-nous de ta présence !

Sa robe blanche lui collant au dos et aux jambes, Marie-Laure fila à l'étage des chambres sans demander son reste. Elle se jeta sur son lit en sanglotant, épuisée. Elle s'évertuerait à rester éveillée le reste de la nuit, attentive au moindre murmure qui la renseignerait sur le sort de ses projets d'avenir. À l'aube, elle se calma un peu, à moitié rassurée par un baiser de Philomène, dont la sollicitude à son endroit semblait avoir grandi. Mais elle ne put se défendre contre l'angoisse de cette interminable attente qui avait commencé. Partirait-elle ? Ne partirait-elle pas ? Si elle partait, la livrerait-on de force au capitaine barbu ?

Quelques jours plus tard, Philomène lui ordonna de se préparer pour le lendemain matin, en lui recommandant de prévoir une grande blouse de protection, car elle voyagerait en voiture. Marie-Laure sauta au cou de sa mère, en lui prodiguant de petits mots doux. Philomène souriait faiblement, en hochant la tête.

Marie-Laure avait tenu à faire ses adieux, dont elle s'acquitta du bout des lèvres, avant l'arrivée de la voiture, car elle ne voulait prendre aucun retard. Elle détourna les yeux au moment d'embrasser son père, qu'elle ne parvint pas à remercier. Aussi avait-elle déjà quitté mentalement la maison paternelle lorsque la surprise la pétrifia sur place, à l'arrivée cahotante et grinçante d'un char à bancs muni à l'arrière de solides barreaux de bois.

— Doux Jésus, mais c'est plein de cochons dans cette cage !

— Monte, ma fille, intervint Philomène, c'est la punition que tu avais acceptée, et moi ta mère, je te l'impose, selon tes exigences. Ces braves bêtes te grogneront tous les honneurs qui te sont dus, elles te serviront de cortège pour ton arrivée au couvent. Ainsi, nous espérons, ton père et moi, que tu ne feras plus autant la difficile. Allez, les garçons, arrimez sa malle sur le toit de la cage !

— Maman, maman, vous n'allez pas me forcer à passer trois jours avec les cochons ?

— Sois polie, Marie-Laure ! Monsieur Delarosbil, qui a accepté de t'emmener, est un éleveur honorable à qui nous faisons toute confiance.

— Oui, mais il pue autant que ses gorets !

— Tais-toi, il va t'entendre ! Ah, tu ferais bien de t'habituer. Au couvent, ils seront votre seule nourriture pendant tout l'hiver. En attendant, prends bien garde qu'on ne te les donne pas comme compagnons de jeux dans la cour de récréation.

De toute la durée du voyage et jusqu'au dortoir où on lui assigna sa place, Marie-Laure ne consentit à dire mot. Elle avait été atteinte dans son orgueil et redoutait par-dessus tout les remarques de ses nouvelles compagnes. Il fallut déployer des trésors de patience pour la dégeler, la mettre en confiance, la présenter aux unes et aux autres. Toutefois, malgré les admonestations de la préfète des élèves, le soir après la cloche, on entendit encore souvent de petits grognements porcins qui la mettaient hors d'elle. Elle décida de se considérer orpheline désormais : elle reniait ces parents lubriques qui avaient osé la rabaisser au rang des animaux les plus sales. Et méthodiquement, en cachette la nuit, elle s'échappait pour laver à grande eau, dans le canal au fond du pré, tous les vêtements de sa malle un à un : elle s'imaginait qu'ils empestaient le purin.

Même si elle prenait la précaution d'employer, en guise de séchoir, quelques branches basses d'un arbuste de la rive, son manège fut à la longue découvert et elle fut convoquée au bureau de la préfète par un billet qui la jeta dans la consternation. Elle était au supplice d'attirer encore une fois l'attention de ses camarades : elle craignait par-dessus tout d'être renvoyée ignominieusement à la maison. Elle flageolait sur ses jambes quand elle franchit le seuil.

— Venez vous asseoir ici, mademoiselle, et calmez-vous, l'on ne vous mangera pas. Bien. Savez-vous qu'en peu de jours, vous avez désobéi au règlement de trois façons au moins ?

Marie-Laure se plaqua les deux mains au visage et éclata en pleurs. C'était ce qu'elle avait craint, on allait lui annoncer son renvoi. Sans appel.

— Suffit ! Vous aurez tout le loisir de brailler comme un veau une fois sortie d'ici. Premièrement, vous vagabondez la nuit sans permission. Deuxièmement, vous lavez des vêtements hors de la buanderie. Troisièmement, vous vous aventurez seule au bord du canal. Ne m'interrompez pas ! Peu me chaut ce que vous auriez à dire pour votre défense. J'ai examiné de fond en comble le contenu de votre malle et n'y ai rien trouvé que de parfaitement propre et frais. En conséquence, je ne vois qu'une explication à votre comportement inacceptable : vous persistez à rejeter la leçon d'humilité qu'ont voulu vous donner vos parents. Je vous avertis pour la première et dernière fois : si vous ne changez pas promptement d'attitude, je recommanderai à notre Mère supérieure de vous déclarer inapte aux études secondaires chez nous. Répondez maintenant. Est-ce clair ?

Consciente qu'il en allait de son existence même, Marie-Laure déploya pour la sœur préfète des trésors de charme et de persuasion. Hoquetante encore, à demi-mot, elle laissa entendre combien, malgré la joie qu'elle éprouvait d'être enfin au couvent, elle se sentait désorientée d'avoir quitté sa campagne natale aussi brutalement. Elle avoua que la dimension, l'austérité de sa nouvelle demeure ne cessaient pas de l'impressionner, et qu'il lui fallait un certain temps pour s'adapter à des habitudes de vie qu'elle avait déjà fait siennes par ses lectures antérieures, mais qu'elle devait ancrer instant par instant jusque dans ses membres. Par exemple, la génuflexion obligatoire chaque fois qu'elle passait devant la porte de la chapelle. Elle osa demander à la religieuse si elle la comprenait.

Alors, la brave femme, pour l'encourager, lui raconta quelques souvenirs de son noviciat, pendant lequel elle avait cru supporter un véritable martyre à seulement se passer, par esprit de sacrifice, de beurre et de confiture de fraises sur ses tartines de pain. Marie-Laure éclata de rire, la première fois depuis son arrivée.

— Et pourtant, d'ajouter la préfète sur un ton plus grave, ce n'était que vétille à comparer à la terreur, le mot n'est pas trop fort, que j'éprouvai à la veille de prononcer mes vœux de professe. Je savais, on me l'avait dit, je me l'étais répété comme on récite son chapelet, que j'aurais affaire aux grands ciseaux de la sœur couturière, et que je ne porterais jamais plus de mon existence terrestre les noirs cheveux lustrés qui m'habillaient jusqu'aux omoplates. Pourtant, lorsqu'on me passa la housse blanche autour du cou, lorsqu'on m'ordonna de pencher la tête en avant, sous les yeux de toute la communauté rassemblée, je frissonnai tant que j'en eus la moelle glacée, et la main ferme qui me saisit la nuque me sembla celle du bourreau. Et comme les mèches sectionnées glissaient tout au long de moi pour aller choir par terre, je me sentais mettre à nu bien davantage que si l'on m'avait dépouillée de mes habits. Je craignais d'une crainte panique que désormais, quiconque me regarderait par-derrière me percerait irrémédiablement à jour, sans que j'y puisse quoi que ce soit. Maintenant, même après trente-cinq ans, je reste un peu froussarde sur ce chapitre.

— C'était dans les vieux pays, ma mère ?

— C'était dans ma chère Bretagne, que j'ai quittée il y a bien longtemps...

— Vous regrettez d'être venue parmi nous ?

— Mais non, petite sotte, voilà que tu me fais m'attendrir sur moi-même ! Allez, va, et que je n'aie plus à te convoquer pour te relire le règlement !

Ainsi commença la grande amitié qui devait unir pour longtemps la Nantaise sœur Sainte-Suzanne et la Gaspésienne Marie-Laure Letellier, laquelle venait de réussir à reléguer les leçons de morale de ses parents dans l'ombre, en même temps que la nature réticente de ses sentiments filiaux. Rassurée quant à son implantation au couvent, elle se mit à porter son idéal d'élève modèle haut comme une bannière de procession. Elle s'acquittait ponctuellement de ses devoirs pieux et en ajoutait en douce afin de vérifier jusqu'où elle pouvait pousser la perfection. Ce même souci de perfection lui inspira de mener tambour battant la conquête des âmes de ses camarades. Marchant sur sa fierté, elle s'enthousiasma des connaissances botaniques de la frêle Juliette Arsenault, félicita la grosse Françoise Desjarlais de ses notions de cuisine, s'enticha des fossettes angéliques de Claire Girard, se passionna pour la jolie voix aux offices de Yolande Cadrin, s'extasia sur les arrangements floraux de Lucie Bérubé, se pâma sur les rêves de sainteté d'Émérencienne Potvin... En peu de semaines, Marie-Laure devint la coqueluche du couvent. Les cochons ? quels cochons ? Et qui oserait de nouveau parler de lessives clandestines et de séchages furtifs en bordure du canal ? Cette jeune fille était l'amabilité même, sa piété ne faisait pas de doute, et quiconque serait assez mal avisé pour affirmer le contraire s'attirerait les foudres de sœur Sainte-Suzanne. Une jeune fille toute simple, dont la popularité ne montait pas à la tête, qui ne recevait de compliments que les yeux baissés et qui les rendait vite au centuple.

II

Cet après-midi d'octobre après le travail, les ouvriers spécialisés du chantier maritime Davie, les employés de commerce, les artisans, les secrétaires avaient quitté au plus vite, sans prendre le temps d'aller se rafraîchir et se changer. Deux à deux ou par grappes, pressés, ils s'étaient allégrement dirigés vers le centre de Lévis, échangeant des commentaires passionnés, jugeant à l'emporte-pièce les équipes sur le point de s'affronter, soutenant leurs dires par des paris enfiévrés, rappelant sur un ton aigu les hauts faits de leurs héros, dénigrant sans pitié leurs têtes de Turc, s'interpellant, se houspillant, s'envoyant au diable, se traitant de tous les noms. C'est un flot continu qui s'engouffra sous le portail du collège, pour déferler à droite sur les gradins qui, à l'effort, plièrent dangereusement. Les retardataires donnaient du coude pour se frayer un chemin, se hissaient sur le bout des pieds pour voir si ce n'était pas encore commencé et se remettaient à bousculer ferme ceux qui les précédaient dans la cohue ou ceux qui étaient déjà installés avec coussins, couvertures et friandises. Rires insolents, criailleries et engueulades s'enchevêtraient aux réclamations plus organisées de groupes de partisans qui n'attendaient plus que leurs vedettes. Lorsque l'arbitre en chef siffla le début du match, nombre de malheureux traînards s'assirent brutalement là où ils purent, le plus souvent dans les voies de passage, parfois sur les genoux d'autres spectateurs. Pas question de perdre la moindre seconde !

Aussitôt, en deux cordons d'égale longueur séparés par le marbre, les joueurs affublés de leurs uniformes fraîchement repassés firent, à petites foulées élastiques, leur entrée apparemment nonchalante. Dignes, les entraîneurs suivaient au pas, tandis que, loin derrière, les aspirants auxquels on avait confié les lourds sacs de bâtons, de gants et de balles, se hâtaient de rattraper le peloton sans paraître trop ahaner ou ployer sous le faix. Chaque équipe s'en fut prendre possession de son box, délimité à la chaux sur la pelouse. Un ultime conseil, un dernier mot d'ordre des entraîneurs, et l'on se répand sur le terrain pour la période de réchauffement. Les dures petites balles blanches cousues serré tracent, dans les airs et au sol, toutes sortes de trajectoires croisées ou parallèles, lentes ou rapides, directes ou bondissantes, avec à l'occasion de longues chandelles gracieuses. Des frappeurs, exécutant avec un bâton des moulinets assouplisseurs de bras et de torses, s'escriment lourdement, comme si le poids de l'instrument les tirait constamment vers le bas. Les lanceurs amorcent, en dialogue confidentiel avec un receveur, des enchaînements de tirs : staccato, curvato, ni trop haut ni trop bas, entre épaules et genoux.

La foule, distraite quelques minutes par ce ballet de gestes gratuits, finit par s'agiter : la première manche ne pouvait vraiment plus attendre. Le match de base-ball final de la saison allait mettre aux prises les deux meilleures formations de la ligue, celle du collège de Lévis et celle du petit séminaire de Québec. L'on s'attendait que ce soit chaud. Le sort a désigné ceux de Québec : ils frapperont d'abord. Le premier fut prestement éliminé, trois balles directes qu'il vit à peine passer. Le second, nerveux, battit l'air à chaque lancer, sans toucher la balle. Comme troisième, le séminaire dépêcha un frappeur de relève, pour éviter la honte de se faire envoyer au champ sans coup férir. Le joueur, une espèce de colosse aux larges épaules, prit tout son temps, finit par se mettre en place en tentant d'hypnotiser le lanceur. Lui ferait-il perdre sa concentration ? Un lancer, la balle partit en flèche et, au moment d'atteindre la zone du frappeur, plongea lentement dans les mains du receveur. « Une prise », décida l'arbitre. Le frappeur, son bâton entre les jambes, s'accroupit posément, prit du sable pour s'en assécher les mains et se redressa, redoutable. Second lancer, un boulet fou s'en alla droit au plexus de l'adversaire, qui hésita une fraction de seconde et se laissa tromper par un effet de redressement in extremis. Deux prises. Le frappeur essuya avec sa manche la sueur au-dessous de son nez et il ajusta son bâton en le ramenant deux fois derrière ses omoplates. La balle fit une embardée loin du marbre, pour se retrouver dans le gant du receveur brandi à bout de bras. Le frappeur eut un sourire sardonique: on le craignait, on cherchait à l'amuser. Au quatrième lancer, le joueur de Lévis crut pouvoir prendre son opposant de vitesse et catapulta une balle rapide parfaitement placée. Le frappeur s'élança délibéré, on aurait dit qu'il se donnait le chic de viser au plus meurtrier, bien d'aplomb. L'impact fut franc, la résonance grave et courte. Le frappeur avait déjà lancé son bâton et s'apprêtait à courir vers le premier but, lorsque sa balle, avec une brutalité inouïe, défonça la première ligne de défense au niveau du joueur de deuxième but. Le pauvre joueur chancela sous le choc, qu'il reçut en plein ventre, vacilla et tomba à la renverse en laissant couler la balle au sol. Totalement à son aise, le frappeur avait gagné le premier but, mais le joueur en défense était resté étendu sur la ligne menant au deuxième. Un soigneur vint tenter de le remettre sur pied, sans grand succès. Quand on a ainsi le visage bleuâtre, c'est qu'on a perdu le souffle pour un bon moment. On l'évacua sur une civière. Surgi de son box, un remplaçant partit s'aligner au petit trot. Des cris fusèrent des gradins:

— Donne-leur ça, Gustave, montre-leur qu'on n'a pas froid aux yeux!

Enfin l'occasion, pour le jeune Brazeau, de montrer qu'il était de taille à affronter les joueurs chevronnés. Trois ans qu'il fréquentait le collège, trois ans qu'il s'entraînait à tous ses moments libres, tôt dans la boue printanière et tard jusqu'aux neiges de l'automne. Même l'hiver, on le voyait courir dehors à perdre haleine ou improviser, sur les parquets poussiéreux de la salle de récréation, des jeux d'arrêts-départs brusques, excellents pour développer souplesse, mobilité, réflexes. Ses confrères le surnommaient affectueusement, à l'américaine, Gus Brazoo. La nuit tombée, suivi d'une petite troupe d'enthousiastes comme lui, il promenait à gauche et à droite dans les étages du vaste bâtiment de pierre grise un appareil récepteur à galène. Lorsque par miracle il leur arrivait de syntoniser la description aboyante et fanatique d'un match en Nouvelle-Angleterre, ils se passaient à tour de rôle l'écouteur en retenant leur souffle, de crainte de perdre le filet de voix radioporté qui les reliait aux prouesses des Giants ou des Red Sox.

Tout à son match, Gustave étendit largement les jambes, puis les bras, de façon à couvrir le maximum de terrain. Puis, il fléchit les genoux et se pencha en avant, pour mieux fixer la balle d'un regard d'aigle et bondir l'instant venu. Superstitieusement, il marmonnait de tendres objurgations à l'intention du lanceur, avec lequel il faisait tellement corps qu'il serrait l'index et le majeur arrondis en même temps que lui. Un troisième frappeur fut bientôt retiré et le séminaire dut céder son tour au bâton. Gustave était un peu déçu que sa petite magie eût fonctionné si bien, le privant de l'occasion de s'illustrer, mais il se reprendrait, il se le jurait intérieurement. Il s'agissait maintenant de marquer des points.

Les frappeurs du collège de Lévis allèrent avec prudence au-devant de la balle et cherchèrent systématiquement les coups sûrs. Si l'un d'entre eux mordit la poussière, les autres furent plus heureux et remplirent les buts. C'était le moment ou jamais de compter, jusqu'à quatre points si l'on réussissait un coup de circuit. L'entraîneur du séminaire demanda un temps mort. Il sermonna les siens, les encouragea et changea de lanceur. Gustave monta au marbre, sous les acclamations des partisans de Lévis, sous les hou de ceux de Québec. Impassible dans le silence revenu, il laissa passer la première balle, trop basse à son gré. Les cris reprirent, contradictoires. Nouveau silence. Paf! La balle a été frappée, mais hors jeu, hélas! Dans les gradins, le charivari reprend. Une autre balle, assez molle, que Gustave refuse. Les spectateurs sont en suspens. Et shlack! Gustave a frappé un coup terrible, légèrement dévié, en bordure du champ gauche, presque en rase-mottes. Personne ne l'a prévu, personne ne l'a vu venir. Le joueur de premier but se retourne, dépité, les mains sur les hanches. Celui du champ gauche tente un plongeon désespéré, mais tardif. Pendant quoi les trois joueurs de Lévis déjà sur les buts entreprennent un carrousel rieur, talonnés par Gustave qui a foncé derrière eux pour garantir la rentabilité de son exploit. Il croise le marbre à son tour et tombe dans les bras de ses camarades pour des congratulations à n'en plus finir. La foule s'est levée d'un bloc, on lance tout et n'importe quoi en direction de l'aire de jeu, c'est le délire, de joie ou de désolation.

L'équipe de base-ball du petit séminaire de Québec ne se remit pas de cette offensive fulgurante. Les huit autres manches traînèrent en longueur, Lévis protégeant ses gains. À bon escient, car le collège fut en grande pompe proclamé champion et reçut le trophée des mains d'un ancien, l'honorable Joseph Pratte, député à l'Assemblée législative de Québec.

Ravi de la tribune, l'homme politique en profita pour prononcer un discours fleuri d'un patriotisme guerrier, qu'il estimait percutant au point de faire rentrer sous terre les quelques membres du parti rouge qui avaient eu la légèreté de se hasarder devant lui. Sa péroraison fut davantage goûtée que le reste : un raisonnement plein de panache lui faisait affirmer que si les jeunes Canadiens français étaient désormais aptes à affronter n'importe quelle formation américaine de base-ball, ils sauraient lutter victorieusement contre les impériaux de la fière Albion et leurs valets perfides du Canada anglais, pour la défense de leurs droits légitimes de peuple et de nation. Impressionné par les salves d'applaudissements, les bravos et les hourras, Joseph Pratte inclina à penser qu'avec l'habileté qui le caractérisait, il avait magistralement réussi à détourner la ferveur sportive au profit de la haute politique. Qui pourrait douter de sa réélection en temps utile ?

La foule, quant à elle, électrisée par une victoire plus palpable, toute partisanerie évaporée, avait envahi le terrain pour toucher ses étoiles de plus près. Lorsque Gustave vit converger vers lui, au pas de course, tant de garçons et même de filles si résolus, il eut un soudain accès de timidité et faillit prendre le large. La main de son entraîneur le retint opportunément. Il se laissa donc saisir, porter sur les bras, les épaules, hisser sur un pavois improvisé, célébrer, chanter. Pourtant, aussi reconnaissant, aussi souriant qu'il parût, il n'avait plus tellement le cœur à la fête après cet effort immense qui l'avait vidé. Comme il aurait souhaité en cet instant la présence de son père Honoré à qui il avait négligé d'écrire pendant des semaines...

Il ne put rester absorbé en lui-même, on l'avait saisi à la cheville. Un petit bout de femme hilare le regardait d'en bas, avec la mine de ne jamais plus vouloir le lâcher. Pour arriver ainsi jusqu'à lui, elle avait dû littéralement marcher sur la tête des membres du cortège. Son exploit égalait le sien.

— Je m'appelle Yvonne, criait-elle pour se faire entendre, je travaille chez les demoiselles Dumoulin ! Tu m'emmènes en promenade, dimanche après-midi ! Je veux une promesse !

Les boucles noires d'Yvonne lui rappelèrent celles de sa jeune sœur Alma. Ce qu'elle devait avoir grandi en son absence ! Mais elle continuait de grimper aux arbres et de chasser les oiseaux, avait écrit leur mère Georgiana. Il s'accroupit, encercla le poignet d'Yvonne :

— Les collégiens n'ont pas le droit de sortir avec les filles durant l'année scolaire.

— Et tu te laisses commander comme ça !?

— J'ai seize ans.

— Moi, quatorze, et après ?

— C'est que...

— Tu me trouves pas à ton goût ?

— Tu m'as l'air gentille.

— Oui, mais je suis plus belle que gentille.

— C'est noté.

— Espèce de... d'étudiant ! Tu vas m'oublier ?

— Peut-être que non.

Yvonne lâcha prise d'un seul coup, glissa jusqu'au sol et disparut comme elle était venue. Gustave était de nouveau distrait, un sourire vague flottait sur ses lèvres.

Dans le réfectoire où l'on s'était retrouvé après le défilé, la bière d'épinette coula à flots, calée par plusieurs douzaines de beignes au miel. La modestie naturelle de Gustave le portait à parler plus bas que tous les autres, mais il était fier de la joie générale et mettait son grain de sel même dans la conversation des plus grands.

Tout à sa joie, il mit du temps à s'endormir ce soir-là. Ses parents seraient fiers de lui: il serait digne de la légende familiale.

III

Au couvent de Saint-Pascal, Marie-Laure était notée mois après mois comme un « excellent sujet », comme un « élément prometteur », comme une « chrétienne ardente »... Pas d'opinion négative, sinon une curieuse suite de mentions : « zélée », « très zélée », « vraiment très zélée », « trop zélée ? ». Isidore recevait régulièrement ces appréciations à Cap-Chat, les commentait avec Philomène (parfois aussi avec Imelda qui les lisait par-dessus son épaule) et prédisait de la houle pour bientôt.

— Trop beau, ça peut pas faire autrement, l'eau finit toujours par emporter la digue. Et puis moi, je me méfie d'une fille qui n'écrit pas à son père...

Si Marie-Laure ne lui écrivait pas, elle ne parvenait pas à l'oublier, malgré des efforts quotidiens en ce sens, qui culminaient chaque vendredi au réfectoire. Dégoûtée par tout ce qui pouvait être identifié à la Gaspésie, non seulement elle mangeait maigre comme tout le monde, mais encore elle refusait « vertueusement » le poisson, ce que chacune interprétait comme une macération supplémentaire. En réalité, la morue salée et séchée dont le plat était habituellement constitué lui semblait sans attrait aucun et dégageait une odeur insupportable. Et puis elle ne passerait pas, elle, pour une mangeuse de morue ! Sœur Sainte-Suzanne tâcha de la raisonner en lui remontrant que des privations excessives pouvaient nuire à sa croissance et lui faire perdre l'humilité. Marie-Laure consentit tout juste à chipoter ostensiblement quelques rondelles d'oignon à la dérive dans l'eau saumâtre de la cuisson.

Il y avait un grand jardin bordé de haies de chèvrefeuille et parcouru en tous sens d'allées de gravier blanc. C'était en principe le domaine réservé des religieuses mais, à l'occasion, l'une ou l'autre élève y était admise pour une « conversation spirituelle » qui ne pouvait avoir lieu qu'en marchant, puisque le confort des bancs était proscrit et la simple station debout déconseillée parce que trop propice aux distractions coupables. L'exercice était réputé éloigner les tentations.

Marie-Laure y fut si souvent conduite par son amie sœur Sainte-Suzanne que d'autres couples élève-religieuse s'y retrouvèrent régulièrement aussi. L'aumônier, un jeune prêtre originaire de Saint-Hyacinthe et rattaché au diocèse de Sainte-Anne-de-la-Pocatière, qui avait été fasciné par la rigueur des idées jansénistes et qui prenait les outrances ultramontaines au pied de la lettre, survint un jour à l'improviste et ne trouva personne ni dans la cour de récréation ni sous le préau des jours de mauvais temps ou de canicule. Lorsqu'il apparut au jardin, les entretiens particuliers s'interrompirent et on l'applaudit avec chaleur. Il rougit de confusion et décampa en bredouillant un vague prétexte. Sœur Sainte-Suzanne ne parvint pas à le rattraper.

L'abbé Prégent avait filé directement chez la Mère supérieure, à qui il fit part de ses inquiétudes. La familiarité trop grande ne pouvait-elle pas conduire à des... relâchements regrettables ? Qui savait où s'arrêteraient tant de sensibilités vibrantes réunies en un même lieu enchanteur ?

— Monsieur l'abbé, je fais toute confiance au jugement de la préfète des élèves. Puis-je vous demander avec quoi l'on attire les mouches ?

— Comment ? pardon ?

— Avec du miel, tiens, vous ne connaissez pas l'adage ? Si vous éprouvez d'autres craintes, n'hésitez pas à m'en informer, monsieur Prégent. Sur ce, je vous dis au revoir, les classes vont reprendre.

L'aumônier regagna Sainte-Anne-de-la-Pocatière assez mortifié. Fort de ses vingt-six ans bien sonnés et de son ordination récente, il crut devoir écrire un rapport à son évêque. Ce fut un document biscornu, insinuant, maladroit, recopié d'une plume nerveuse et paraphé d'un gribouillis inextricable. Fin connaisseur du genre humain, méfiant des «lumières de l'âme», l'évêque convia un soir l'abbé Prégent à sa table et commença par lui faire ingurgiter une dose carabinée de gin hollandais, sous les effets duquel la bonne mine du jeune prêtre tourna au cramoisi et son sourire au beau fixe. Comme il avait eu raison de rédiger ce rapport : déjà on lui en savait gré, déjà il mangeait en tête à tête avec la hiérarchie ! Oh oui, il retournerait affronter cette ogresse de Mère supérieure avec une autorité qu'il ne laisserait plus ébranler...

Mais pour l'heure, la cervelle du malheureux se dissolvait dans les vapeurs de libations multiples, poursuivies impitoyablement jusqu'au dessert. De but en blanc, l'évêque lui demanda alors s'il avait un confesseur. L'abbé s'agrippa au rebord de la table en tâtonnant et parvint à lever un regard embrumé vers son hôte. Il aurait bien voulu dire quelque chose, sa langue pâteuse le lui refusait. Il hocha la tête. Ce confesseur, dont il semblait ainsi affirmer l'existence, le voyait-il souvent ? L'abbé lança sa main droite à la recherche de sa serviette, tandis que sa gauche le retenait encore à la table. Aphone comme jamais, il agita mollement la serviette au bout de ses doigts, réussit dans un sursaut de civilité à s'en tamponner la bouche avant de camoufler un rot qui le mit à la torture. Son confesseur, pourquoi donc ne pas lui avouer certaine tendance à l'exagération, à la démesure, qui le précipiterait dans la débauche si elle n'était promptement contrée ? La colonne vertébrale de Dieudonné Prégent se mit toute seule au garde-à-vous et ses yeux devinrent chassieux. Le repas de ce soir ne démontrait-il pas à l'évidence une instabilité alarmante, et toute plaisanterie mise à part, un manque d'assiette flagrant ? Plaisanterie ? L'écho de ce mot épiscopal affreux se répercuta à l'infini à l'intérieur des parois du pauvre crâne tonsuré. Quelle plaisanterie ? Ne trouvant vraiment pas, l'abbé partit d'un rire niais, inhumain.

— Oui, oui oui, parvint-il même à balbutier.

— Très heureux de vous l'entendre dire, une faiblesse avouée est une faiblesse pardonnée. Il est tard. Je vous mets à la porte. Reprenez-moi ce rapport incongru, efforcez-vous plutôt de comprendre un peu mieux les saintes âmes que l'on vous a confiées au couvent de Saint-Pascal. Et ne vous perdez pas en chemin !

Ainsi ramené brutalement à la case de départ de son itinéraire ecclésial, l'aumônier Prégent s'accorda le temps de boire sa honte et se mit en frais de méditer sur les écueils qui l'attendaient encore. De longues séances au prie-dieu lui rompirent assez les jambes pour qu'il se rendît compte de sa faiblesse principale : la jalousie, la hideuse jalousie qui lui avait fait lever le nez sur sœur Sainte-Suzanne et sous-estimer son influence. Elle régnait en souveraine sur les élèves et elle entretenait avec la supérieure des rapports de franche égalité. Personne ne connaissait l'identité de son directeur spirituel, ce pouvait donc être n'importe qui, à commencer par son propre évêque, dont il ne rechercherait plus les invitations par trop didactiques. Pis, sœur Sainte-Suzanne venait de France et y avait sans doute gardé des accointances, des relations, avec un cardinal peut-être, avec le primat des Gaules, avec l'archevêque de Paris... Ces évocations fastueuses lui remettaient l'eau à la bouche et le cœur à son affaire. La besogne ne l'effrayait pas.

Néanmoins, quand il retourna après ces événements une première fois chez les Petites Sœurs du Bon Secours de Nantes, il avait le teint blafard, la mine basse et l'humilité à fleur de peau. Il évita la supérieure, contourna poliment la préfète des élèves et, au détour d'un couloir, souffla à Françoise Desjarlais que si elle en éprouvait le besoin, il consentait à l'entendre en confession. De quoi se refaire la main en douceur. La ronde Françoise n'avait jamais reçu pareille invite et ne sut décider si l'abbé Prégent avait percé à jour les recoins obscurs de sa conscience ou s'il lui accordait simplement l'honneur d'être reçue la première. Ils se donnèrent rendez-vous au confessionnal de la chapelle. Françoise ne s'y rendit qu'après un détour par le dortoir: un coup de peigne, une goutte d'eau de toilette à la lavande derrière l'oreille. D'un compartiment secret de sa malle, elle tira un gros morceau de sucre à la crème encore luisant de fraîcheur, qu'elle allait fourrer tout entier d'un seul coup dans sa bouche. Quelqu'un approchait...

— Qu'est-ce que tu fais là? demanda Marie-Laure de loin. Moi, j'étais venue relire en paix quelques passages de *L'Imitation de Jésus-Christ*.

— Je... je... je vais offrir ça à notre aumônier, on jurerait qu'il n'a pas mangé pendant deux semaines!

— Il en raffolera, j'en suis sûre. Tout ce que tu fais est tellement bon! Tu m'en donneras des nouvelles?

— Euh... ben... comme tu voudras.

Quand Françoise Desjarlais lui suggéra avec force minauderies d'ouvrir le guichet du confessionnal qui les séparait, le prêtre hésita. Se moquait-on de lui? Son évêque se serait-il arrangé pour lui imposer un surcroît d'épreuve? La supérieure ou la préfète cherchaient-elles à le coincer? Sa pénitente retenait mal un petit ricanement haut perché, sa respiration s'accélérait, elle se tordait d'impatience.

— Mon père, chuchota-t-elle pressante, ne me dites pas que vous n'aimez pas les sucreries!

Il se détendit subitement à un point tel qu'il faillit poser là son étole et courir l'embrasser sur les deux joues. Il entrouvrit le guichet, reçut le sucre à la crème, referma, goûta, apprécia et engloutit. Victorieuse, toute sollicitude, Françoise le regardait savourer.

— Ce sera notre secret, monsieur l'abbé. J'en ai toujours une provision dans mes effets. Je me confesserai à vous toutes les fois que vous en voudrez! Faites-moi un signe et je comprendrai.

Et comme dans les images saintes et sucrées dont son missel était abondamment parsemé, la jeune fille baissa pudiquement les yeux, mais elle regardait néanmoins si ardemment à travers ses paupières que nerfs et muscles contrariés lui vrillaient la tête de douleurs lancinantes. Perdue dans l'attente, elle crut voir ses propres cils lui envahir les joues: elle devenait saule, elle prenait racine, il resterait là, tout près, indéfiniment... Elle se rendit à peine compte qu'elle recevait l'absolution, elle se leva machinalement, repoussa le rideau. En pleine chapelle, elle eut envie de crier de joie. Elle avait attendu une réprimande, un refus ironique... Il n'avait rien dit: RIEN! La bonne fortune que c'était! Qui ne dit mot consent, on le lui avait si souvent répété dans les leçons de morale. Elle le croyait, elle voulait le croire. Son offrande avait plu; elle, Françoise Desjarlais, plaisait à l'aumônier! Merci, mon Dieu!

Marie-Laure, qui l'attendait la main dans le bénitier, vit à sa jubilation que la manœuvre avait réussi. Elle l'entraîna vers une salle de classe vide et lui lança:

— Ah toi, on dirait que tu viens de remporter le premier prix d'arithmétique!

— Si tu savais comme il est... bon, Marie-Laure!

— Bon à quoi ? À manger ?

Françoise fondit en larmes sur l'épaule de sa compagne. Elle ne valait rien, elle était grosse, elle ne pensait qu'à manger ou à donner à manger... Marie-Laure la laissa se désoler tout son soûl, puis elle jeta :

— Les hommes ont fréquemment de mauvaises pensées, plus ils mangent plus ils en ont.

— Mais...

— L'abbé Prégent est un homme.

— Oui mais...

— Tu devrais en parler à sœur Sainte-Suzanne, elle connaît la musique.

Dans le jardin bordé de chèvrefeuille, Françoise prit un temps la place de Marie-Laure au côté de la préfète pour la « conversation spirituelle » quotidienne. Elle découvrit le réconfort d'un cœur affectueux et les abysses de la perfidie masculine, les subtilités infinies de l'amour divin et les grossièretés sataniques dont ne pouvaient se passer même les hommes de Dieu.

Juliette Arsenault, Yolande Cadrin, Claire Girard, Lucie Bérubé, Émérencienne Potvin s'alarmèrent de la disgrâce apparente de leur coqueluche. Marie-Laure, protectrice, les rassura et leur affirma sous le sceau du secret que leur camarade Françoise avait besoin de conseils. Cette formulation sibylline fit flamber les imaginations. Émérencienne crut que Françoise se faisait sermonner parce qu'elle manquait d'aptitudes à la sainteté, Lucie parce qu'elle ne fleurissait jamais la chapelle, Yolande parce qu'elle chantait faux, Claire parce qu'elle avait les joues trop pleines, Juliette parce que la science botanique la laissait de glace. Les copines confrontèrent leurs conjectures avec véhémence et passèrent des jours et des jours en discussion, pour en arriver à une solution de compromis: d'évidence, Françoise Desjarlais venait de vivre une expérience traumatisante. Le plus probable, pour la première fois de sa vie, elle avait été indisposée. Mise au courant, Marie-Laure éclata:

— Pouah! Vous n'avez pas honte?! Vous avez l'esprit tordu, penser une chose pareille de la pauvre Françoise, si innocente encore, si naïve! En ce qui me concerne, je vous avertis tout de suite que j'ai décidé de me retenir le plus longtemps que je pourrai...

Les filles se regardèrent éberluées, puis se dispersèrent, songeuses. Le bel édifice de leur admiration inconditionnelle, tout doucement, l'épaisseur d'un fil, commençait à se lézarder.

Marie-Laure se mordit les pouces d'en avoir trop dit sur elle-même, et à des camarades qui s'empresseraient de colporter la nouvelle un peu partout et jusqu'à sœur Sainte-Suzanne. Son angoisse était telle que la poitrine lui faisait mal et lorsque son amie nantaise lui offrit de renouer avec leur habitude des promenades au jardin, elle sombra dans une crise d'asthme qui la cloua à l'infirmerie.

Toutes ses amies couventines, autant dire tout le monde, défilèrent à son chevet, lui prodiguant paroles d'encouragement et gâteries. Son goût connu pour les jolis vêtements lui valut aussi des cadeaux étonnants, fichus, dentelles, rubans, barrettes, colifichets et même boucles d'oreilles. Marie-Laure était positivement radieuse. Elle ne perdit rien de sa bonne humeur lorsqu'elle éconduisit en mots brefs le misérable abbé Prégent qui prétendait lui apporter les secours de son ministère. On n'était pas à l'article de la mort, non?!

Pour le prouver, Marie-Laure se fit descendre en douce les trésors vestimentaires accumulés dans sa malle vertrue. Entre les visites, elle les dissimulait derrière les piles de draps de l'infirmerie. Une bonne camarade arrivait-elle, elle était mise dans la confidence à pas de chat. Une fois sa curiosité bien aiguisée, il lui serait peut-être accordé la faveur de sortir telle pièce précise et pas les autres, de déplier, d'admirer... et de remettre en place presque aussitôt. De quoi crever de convoitise !

Sœur Sainte-Suzanne, malgré l'élan qui la poussait au chevet de Marie-Laure, choisit de se faire discrète. Quelque chose avait bouleversé sa protégée, elle en était sûre, cette poussée d'asthme qui s'était interposée entre elles le laissait mieux comprendre qu'une confidence. Elle n'aurait quand même pas imaginé que Françoise Desjarlais puisse être devenue sa rivale ! Un secret de jeune fille, alors ? Avec un sens du devoir décuplé par ses sentiments, elle passa en revue tout ce que Marie-Laure avait pu entr'apercevoir d'hommes depuis le début de son séjour à Saint-Pascal. Elle écarta vite l'abbé Prégent, à l'image duquel elle eut, à part elle, un sourire ironique. Le vieux Baptiste de la chaufferie ? Il chiquait si fort qu'il en avait la moustache imbibée ; jamais il ne rencontrait la moindre élève sur son passage. Le menuisier, quant à lui, était taciturne comme un jour de pluie ; lui adressait-on la parole, il fuyait soi-disant à la recherche d'un outil, indispensable. Le laitier ? Hum... jovial mais bedonnant. Oui, mais son fils, le franc gaillard qui l'accompagnait à l'occasion ? Le rigolard à la joue duveteuse et aux biceps intéressants... Ah, ce pouvait être lui, est-ce qu'il n'était pas sympathique en dépit de son apparence un peu simple ? La sœur préfète entra en méditation, là, dans son bureau, sur la chaise rigide réservée aux visiteurs. On dut frapper à sa porte assez rudement avant de parvenir à attirer son attention : elle avait manqué l'office et le repas du soir, est-ce qu'elle n'avait pas ressenti quelque malaise ?

— Non, aucun, se mit-elle à répondre d'un ton qu'elle croyait assuré.

Elle fut prestement portée elle aussi à l'infirmerie, car elle suait à grosses gouttes et personne ne comprenait ce qu'elle disait : elle souffrait d'une totale extinction de sa voix d'ordinaire si percutante. La supérieure détesta d'instinct ces alitements qui dérangeaient l'ordre des choses, par elle institué. Elle craignit une épidémie de grippe ou de passions orageuses. Il faudrait avoir à l'œil cette petite Letellier...

IV

Gustave n'eut pas la cruauté de décevoir sa fervente admiratrice Yvonne. Un Brazeau ne causait jamais de peine inutile à qui que ce soit. Il s'était enquis durant la semaine de l'adresse des demoiselles Dumoulin, chez qui Yvonne était employée, et le dimanche suivant, peu après le repas de midi, il avait escaladé le mur de son collège plutôt que de prendre la file de ceux qui s'en allaient à la salle d'étude ou de se fondre dans le groupe de ceux qui allaient participer à une partie de balle-au-mur. Il le faisait d'un cœur d'autant plus léger que c'était sa première incartade et qu'il éprouvait le besoin de souffler un peu à la suite de tant d'efforts soutenus, au base-ball et ailleurs. S'il prenait un peu ses distances par rapport à ce collège qu'il aimait pourtant beaucoup, c'était que ses parents lui avaient écrit lettre sur lettre pour le mettre au fait de leurs déboires.

Comme il n'avait aucun goût de jouer à cache-cache avec les vieilles demoiselles Dumoulin, il s'engagea résolument au-delà de la barrière de bois sur les jolies pierres de leur allée et s'en fut droit à l'entrée principale frapper à la porte. Des pas menus et l'on ouvrit. Pour refermer immédiatement. Gustave avait tout juste eu le temps d'apercevoir Yvonne en tablier qui s'essuyait les mains, et qui, à le voir, avait rougi jusqu'à la racine des cheveux. Son premier étonnement passé, Gustave avait refrappé discrètement. Et appelé à voix basse. Pour toute réponse, il avait obtenu :

— Va-t'en !

— Yvonne, c'est toi qui...

— Justement, t'es pas un jeune homme sérieux si t'acceptes comme ça les invitations de toutes les effrontées qui te courent après ! Va-t'en !

— J'ai sauté le mur du collège pour toi...

— Ah. Bon. Attends-moi dehors, j'ai pas fini mon service.

Après avoir erré d'une plate-bande à l'autre, contemplé des paillis déjà en place pour protéger des gelées hâtives, il se réfugia sous la tonnelle couverte encore d'un feuillage violacé et s'assit en faisant machinalement ses exercices de renforcement des mains. Le base-ball lui revenait malgré lui. Il avait la tête vide. Au bout d'un long moment, Yvonne apparut défaite, son tablier à la main.

— Je peux pas partir me promener avec toi.

Gustave la vit éclater en sanglots. Il voulut en vain la faire asseoir à son côté. Il offrit d'aller parlementer avec les Dumoulin.

— Fais pas ça, elles vont dire que je t'ai aguiché.

— Si tu venais avec moi sans permission ?

— Elles disent qu'elles sont responsables de moi et qu'elles me mettront à la porte plutôt que de me laisser sortir à mon âge avec les garçons... Et tu sais, ma famille a besoin de mes gages, on n'est pas bien riches.

— Chez nous non plus.

— Des menteries ! Qui paie pour t'envoyer au collège, hein ? Ça fait que, va-t'en, va-t'en au plus vite, sinon je me remets à brailler ! T'es ben fin d'être venu pareil. Pis aie pas peur, je leur dirai pas ton nom, jamais dans cent ans ! Elles pourront pas te dénoncer à ton collège, ces vieilles chipies !

— T'es une fille bien, Yvonne.

— Ouais, malgré moi !... Je me fais un album de souvenirs dans ma tête, tu vas être le plus beau. Salut... Retourne-toi pas, j'ai la larme facile, facile...

Elle disparut au coin de la maison et Gustave, penaud, dut déguerpir. Dans son orgueil blessé, il reprit pour sortir du parterre la même allée qu'à sa venue, et du pas lent d'un flâneur du dimanche, il osa faire, de la rue, deux ou trois pieds de nez en direction des fenêtres.

Il n'avait surtout pas envie de rentrer tout de suite au collège, aussi erra-t-il dans les rues jusqu'à la falaise surplombant le fleuve. Il suivit, morose, le mouvement des barques, lent contre la marée, vif en sens inverse. Brusquement, la plage de son enfance lui manqua tant qu'il en eut mal. Métis, Mont-Joli, Georgiana, Honoré... et le grand chien roux pour lequel il s'était pris d'amitié... Il tenta bien de se morigéner lui-même: un champion de base-ball s'attendrir de la sorte... Les yeux quand même pleins d'eau, il descendit la côte du Passage. Et il fut à la gare sans l'avoir vraiment voulu. Il oublia le fleuve, ses rives et ses bateaux. Marchant d'un dormant à l'autre comme quand il était petit, il se laissa conduire par la voie ferrée jusqu'à la hauteur de la salle d'attente, où il entra se pénétrer les narines des odeurs mêlées du charbon, de la créosote et du savon à plancher. Que ferait-il de sa vie ? Combien de temps passerait-il encore au collège ?

Depuis les bureaux contigus, le cliquetis du télégraphe lui parvenait assourdi. Par la vitre dépolie de la porte, il distinguait la silhouette voûtée d'un homme assis, immobile. Des messages pour qui ? Des dépêches pour quoi ? Il fut bien près de trouver à présent futile ce qu'il avait naguère considéré comme important. Pourquoi des communications ferroviaires et ces interminables rubans d'acier courant en parallèle sans jamais mener nulle part, au fond ? Tant de puissance, de patience, d'efforts, de labeur, tant d'existences tout entières vouées à l'éternel recommencement de ces parcours sans cesse à refaire... Et tant d'êtres asservis, prisonniers du réseau qui les rassemblait et les éparpillait selon les intérêts supérieurs et la logique implacable de l'organisation ! Et combien de belles carrières stoppées inexplicablement en pleine course...

Honoré Brazeau, son père, en était le parfait exemple. Ses responsabilités de Mont-Joli, la façon dont il s'en était acquitté, l'estime de ses supérieurs, auraient dû le propulser plus haut. En toute justice, en toute objectivité, père ou pas. Eh bien non, après cette histoire à Métis, avant l'entrée de son fils au collège, Honoré avait reçu de Montréal un avis de mutation : on l'affectait à une gare nettement moins importante, aux confins du « New Brunswick ». « *You are now needed in Kedgwick and requested to move there within one month as of today.* » Son père avait répété cette formule maintes et maintes fois pour essayer de comprendre ce qui lui arrivait. Le jour de son congé hebdomadaire, il était parti seul au petit jour blafard se rendre compte sur place. Il avait embrassé les enfants, Alma surtout qui gémissait en rêvant d'oiseaux à surprendre. Il avait serré Georgiana très fort, mais refusé les provisions qu'elle lui avait préparées. Les trains de passagers n'étaient pas assez fréquents, il aurait besoin de ses deux mains et de toute sa souplesse : afin d'aller plus vite et de revenir à temps pour le travail du lendemain, il sauterait à bord d'un convoi de marchandises qui ralentirait le long des voies de garage, ou il enjamberait un wagon de gravier dans lequel il s'aplatirait des heures. S'il le fallait, il voyagerait en équilibre sur un marchepied. Non pas que les cheminots, ses amis, ne l'eussent pas volontiers accueilli s'il avait voulu leur faire signe, mais il se sentait désorienté, démuni et honteux à son corps défendant. L'entreprise qu'il avait tant glorifiée l'avait transformé, par trois lignes brutales, en misérable clandestin.

La vue de Kedgwick, une pauvre bourgade d'arrière-pays perdue dans les forêts de conifères du nord du Nouveau-Brunswick, avait confirmé toutes ses craintes. Les maisons y étaient rares et précaires, les potagers inexistants; pas de routes, pas de commerces, pas d'église, pas d'école; encore moins de médecin ou d'infirmière : rien de rien. Quelques écriteaux maladroits l'avaient renseigné sur les habitants du lieu : des étrangers anglais, au mieux irlandais... Qui d'ailleurs surveillaient l'intrus leur fusil à portée de la main. Il était vite revenu à la petite gare attendre l'occasion du retour. Dans son avis de mutation, on avait eu le front de lui signaler l'avantage insigne, pour lui et sa famille, d'être logés gratuitement, charbon compris, à l'étage de cette gare minuscule collée à la voie ferrée ! Où donc étaient les ports de mer, les grandes villes de ses songeries ? Ici, il serait confiné à la sauvagerie, ou presque.

Il était rentré fermement résolu à limiter les dégâts. D'abord, il avait télégraphié à Montréal pour demander s'il lui était possible de refuser sa nouvelle affectation et de rester à Mont-Joli. Réponse négative. Il était revenu à la charge en demandant un poste équivalent à celui qu'il occupait, plutôt que Kedgwick. Plus tard peut-être, avait-on répondu.

— Pourquoi, mais pourquoi ?! avait éclaté Georgiana. Est-ce que tu les aurais fraudés, dévalisés ?! C'est incompréhensible, inexplicable. Si tu allais parler à ceux de Montréal, dans les bureaux ?

— Deux télégrammes n'ont servi à rien, une visite ne fera rien de mieux... Ils ont mes états de service, après tout. Non, crois-moi, il n'y a qu'à prendre nos dispositions en attendant que ça passe... Tu resteras dans notre maison avec les enfants qui continueront à vivre comme de coutume. Moi, je camperai à Kedgwick le temps qu'il faudra, en revenant vous voir toutes les semaines. Tous les mois certainement, à moins de tempête, de panne de locomotive ou de rupture de la voie.

— Tu es donc résigné ?

— Je ne regrette que d'être séparé de vous. Je m'attendais à quelque chose depuis la lettre anonyme d'insultes que j'ai reçue.

— Tu m'en as jamais parlé !

— À quoi bon t'avoir inquiétée inutilement ?... C'étaient des insultes et des menaces vagues, sans motif avoué, comme en profèrent les couards. Tout ça pour une baignade à Métis-sur-Mer, mais nous avons tenu notre bout contre les Anglais et nous avons bien fait. Qu'ils inventent ce qu'ils voudront, ils ne nous voleront pas notre dignité. Si je travaille pour eux, je ne suis pas leur esclave ! Peu importe ce qu'on en pense à Toronto ou à Londres !

— Un fameux coup bas pour une simple histoire de plage... Je serai courageuse, les enfants m'aideront. Et tu verras, ceux de Montréal ne te laisseront pas moisir là-bas pour l'éternité, ils ont toujours admis que tu travaillais mieux que personne, alors...

Ainsi Gustave et Alma étaient devenus en quelque sorte orphelins de père. Alma en avait perdu l'appétit au point que le bon docteur Gagné avait éprouvé de l'inquiétude, et Georgiana, beaucoup de peine, car sa fille l'avait rejetée, elle, en même temps que la nourriture. Comme il l'avait déjà fait, Gustave s'était occupé activement de la petite, inventant toutes sortes de jeux pour la distraire de son chagrin, se passionnant avec elle pour les oiseaux et les chats. Après des semaines de tentatives infructueuses, il avait eu l'idée lumineuse de prendre un morceau de fromage dans sa bouche et de le transférer dans celle d'Alma. Cette forme de becquée avait eu tant de succès que la fillette n'avait plus juré que par le fromage et s'était mise à en ingurgiter des quantités pantagruéliques. Elle resterait grassouillette pendant longtemps, mais sa guérison était amorcée. Gustave avait aussi beaucoup pris soin de sa mère, qui n'avait pas digéré l'injustice qu'on leur avait faite et tombait trop souvent dans une tristesse profonde qui pouvait durer un jour entier. Pour elle, il était devenu bavard comme un perroquet. Il avait puisé à ses nombreuses lectures des sujets de conversation inépuisables. Et elle s'était remise, elle aussi. Quels enfants extraordinaires elle avait ! Et quel mari ! Son amour pour Honoré s'était exalté, le soir dans son lit, elle touchait la place inoccupée du bout des doigts et elle frissonnait.

Absorbé dans cette tranche douloureuse du passé familial, Gustave était sorti de la gare de Lévis avec une fringale terrible. Il se dirigea vers l'hôtel Morin tout à côté, où il s'attabla tranquillement, sous le regard curieux de la serveuse, qui accueillait rarement de si jeunes hommes le dimanche à trois heures de l'après-midi.

— La carte s'il vous plaît.
— À cette heure, il n'y a plus rien de chaud.
— Alors, quelque chose de froid ?
— Le cuisinier est parti.
— Je parie que vous n'avez pas d'eau, non plus ?
— Nous en avons, mais c'est de l'eau de feu, et nous n'en servons pas aux freluquets.

Il y eut un silence. Elle était demeurée debout, les poings sur les hanches, très près de lui, défiante. Gustave eut une moue de contrariété qu'elle eut vite fait de saisir. En riant, insolente, du pouce et de l'index, elle lui remit un sourire forcé au coin de la bouche.

— Il est fâché, fâché, mon mignon ?

52

Gustave se leva d'une seule pièce, le cœur lui cognait dans la poitrine. Il se serait jeté sur elle, mais cette idée même le chavirait encore davantage. Il blêmit. Elle se replanta devant lui et se renversa loin en arrière, la poitrine quasi horizontale. Elle allait tomber, il tendit spontanément le bras. Elle pensait avoir attrapé un nigaud, mais il se contenta de l'asseoir platement sur le parquet.

— Je regrette que mademoiselle se soit trouvée mal. Du repos, beaucoup de repos ! Et moi, qu'importe si je saute un repas...

Le voyant prendre le chemin du couloir, elle se mit à taper du poing par terre, se releva très vite et courut lui jeter, dans l'embrasure de la porte:

— Hou hou, peureux ! Est-ce que je t'aurais mangé ?

Il surgit à l'air libre assez fier de son charme, se lissa coquettement les cheveux et prit la montée d'un pas guilleret. N'avait-il pas eu de la chance ? On l'avait empêché de dilapider l'allocation que les siens parvenaient malgré tout à lui verser avec tant de générosité. Il s'en serait voulu ensuite d'avoir gaspillé en luxe inutile le produit de leurs privations. Quant à se payer une fille comme la serveuse, il n'en était pas question. Bien éloigné le temps où il s'abaisserait à recourir à des artifices de vieillard !

Il rentra dans l'enceinte du collège par la plus grande porte, celle des matches de base-ball, sans chercher à se dissimuler: il s'était octroyé une sortie, il revenait de son plein gré, à temps pour une soirée en salle d'étude où il piocherait son latin. Chacun pensa qu'il avait obtenu l'autorisation...

Ce fut une séance féconde en rapprochements intellectuels et en questions, dont la plus lancinante concernait les mœurs des Romains. S'ils avaient tous été aussi guerriers, courageux, vertueux, habiles, dévoués au bien commun, philosophes, que les recueils de textes le donnaient à croire, alors ils auraient régné sur le monde et ils régneraient encore, et le monde serait ennuyeux comme la pluie. Il trouverait peut-être de quoi varier le menu chez cet Ovide, dont on ne parlait qu'à demi-mot. Les plus grands collégiens se pourléchaient les babines en évoquant entre eux des écrits qu'ils prétendaient licencieux. *L'Art d'aimer*, il fallait absolument qu'il mette la main sur *L'Art d'aimer* !... Il glissa dans le songe puis dans le sommeil, effondré sur son pupitre. Un coup de cloche brutal le tira de ses divagations antiquisantes. Dans sa tête, curieusement, dominait l'image d'Alma, sa sœur.

V

Sœur Sainte-Suzanne et Marie-Laure Letellier reprirent en même temps leur activité normale, mais sans avoir dissipé le nuage qui s'était formé au-dessus d'elles. Les promenades au jardin de chèvrefeuille semblaient n'avoir jamais existé. Désemparée, Françoise Desjarlais trottinait en alternance derrière l'une puis derrière l'autre sans jamais se résoudre à en rejoindre une, tant elle s'attendait à les revoir vite bras dessus bras dessous. Rien de cela pourtant ne se produisait, car l'une en voulait à l'autre de lui avoir fait connaître l'humiliation de la maladie et l'insupportable commisération générale.

Dans un élan fougueux pour consolider l'ascendant qu'elle avait sur les autres couventines, Marie-Laure, qui savait d'instinct comment séduire à sa manière impérative, continua hors de l'infirmerie à parler chiffons. Pour la meilleure des causes, bien évidemment. Le mois de Marie allait commencer.

Ce furent, au réfectoire, entre les classes, à toute occasion, des chuchotis intenses qui bruissaient comme des milliers d'élytres, des quintes de rires cascadants qui s'étouffaient à grand-peine lorsque passait une cornette, des complots en feux d'artifice où l'on faillit plusieurs fois en venir aux gifles. Sans y regarder de trop près, les bonnes religieuses mettaient ces comportements agités sur le dos du printemps et tâchaient de regarder ailleurs en se souriant à elles-mêmes. Et puis, si les élèves ne jetaient pas de temps à autre « leur fou », ce serait le cauchemar toute l'année.

Ces montées de sève étaient d'ailleurs prévues et canalisées puisque, chaque soir du mois de mai, le couvent au grand complet — même la sœur tourière relâchait alors sa vigilance — sortait en cortège humer les effluves du renouveau et rendre hommage à la Vierge, dont la statue bleutée et attendrie les attendait mystérieusement dans la clairière d'un petit bois de cèdres du voisinage. Le lieu était si propice aux prodiges que des manifestations surnaturelles y auraient été perçues comme faisant partie de l'ordre des choses. On les espérait patiemment d'une année à l'autre, croyant dur comme fer que la Vierge daignerait un jour se souvenir de Saint-Pascal. Pour l'encourager, on avait coutume de la combler de bouquets, de gerbes, de couronnes, par-dessus quoi l'on déployait quotidiennement des guirlandes de prières propres au culte marial.

Le début de ce mois singulier, qui allait faire date dans les annales du couvent, ne parut d'abord guère remarquable, à ceci près que toutes les élèves s'étaient donné le mot pour porter leur chapelet en sautoir comme un collier ou un pendentif, plutôt qu'à la main. La Mère supérieure avait froncé un instant le sourcil, et ayant décidé que cet usage du chapelet était dans l'esprit des célébrations, elle avait tout bonnement imité les filles. Ses religieuses avaient suivi, dociles, mais non sans quelque arrière-pensée. L'aumônier Prégent eut seul la témérité de maintenir la tradition une soirée entière, mais il fut l'objet de tant d'insistante curiosité qu'il se conforma au nouveau code dès le second soir, grâce à quoi il mérita un hochement de tête approbatif de la part de la Supérieure. Il supputa longtemps le sens exact de ce progrès insigne dans sa carrière et rêva d'en rendre compte par écrit à monseigneur son évêque. Il se retint à temps, instruit par sa douloureuse expérience.

Consciente d'un reste de réticence en lui, Marie-Laure lui avait expédié la belle Françoise Desjarlais armée d'un sucre à la crème. Fut-ce la gourmandise ? Au moment de se retrouver en sa présence, Françoise avait senti son cœur s'affoler et, machinalement, elle avait enfourné l'onctueuse gâterie. Prise de court, elle avait dû improviser un petit compliment :

— Ah, monsieur l'abbé, j'étais juste venue vous dire que lorsque votre grand chapelet noir retombe de votre cou sur votre beau surplis blanc, vous ressemblez au tableau de saint Dominique, vous savez, celui qui se trouve à gauche du maître-autel. Nous vous trouvons, je vous... euh, oui, nous vous trouvons admirable !

La vanité faillit faire chanceler Dieudonné Prégent. Il trouvait cette jeune Françoise si intelligente qu'il l'aurait volontiers retenue des heures avec lui dans son bureau. Si tel était le prix qu'il fallait consentir pour mener une première jeune âme innocente à Dieu... Ses autres brebis viendraient d'elles-mêmes à lui si seulement il réussissait avec celle-ci.

— Vous prendrez bien le temps de vous asseoir un peu, mademoiselle Desjarlais ?

— Je regrette, monsieur l'abbé, du lavage urgent à faire... Une autre fois, je resterai tant que vous voudrez.

Marie-Laure reçut le rapport de Françoise avec aplomb et la félicita publiquement, en lui promettant de la faire briller dans l'un des prochains cortèges de la Vierge. Le visage de Françoise s'illumina. À cet instant, si elle s'était trouvée en lieu et place de la statue, on serait tombé à genoux devant elle, on l'aurait prise pour une apparition.

Sœur Sainte-Suzanne, à qui rien n'échappait d'une ferveur juvénile de jour en jour plus pittoresque, restait sur le qui-vive tout en se sentant fondre à voir tant d'efforts déployés. Elle-même se voyait gagnée par l'exubérance et admirait secrètement Marie-Laure de tant de succès. Quelle adresse d'avoir commencé par les toutes jeunes élèves, dont les tignasses hirsutes avaient nécessité force coups de peignes et de brosses. Elle leur avait fait quitter leurs gros bas de fil reprisés au talon pour aller jambes nues et avait tiré parti au mieux de leurs vêtements du dimanche, recousant de ci, écourtant de là, refaisant les plis, ajustant, repassant... Les petites avaient été ravies de cette nouvelle attention que leur portaient les grandes et tâchaient héroïquement d'en être dignes, mais ce n'était pas si facile de marcher droit, d'éviter les flaques d'eau, de ne pas trébucher, et ce l'était encore moins d'avoir l'air angélique: elles n'avaient jamais vu les anges de plâtre bouger, sinon quand leurs têtes mobiles au-dessus d'un tronc saluaient l'aumône au passage — oui merci, oui merci — et elles, elles avaient la bougeotte en diable. Conquise comme jamais par sa Marie-Laure si dynamique, sœur Sainte-Suzanne, au vu de toutes, avait fini par quitter sa réserve pour aller l'embrasser sur les deux joues en gage de totale réconciliation. L'aumônier, témoin de la scène, hocha la tête comme un de ces anges de plâtre voyant passer les piécettes.

Ainsi, des plus petites aux plus grandes, graduant les métamorphoses, Marie-Laure fit de cet amas de chenilles un jaillissement de papillons gracieux et fragiles. Saint-Pascal, où le mois de Marie n'était d'habitude suivi que par une poignée d'incurables bigotes, se donna rendez-vous auprès de la statue « pour admirer les filles tout endimanchées ».

— Vous voyez bien, cher aumônier, comme j'avais raison, au sujet du miel! rayonnait la Mère supérieure. Mon couvent est devenu le point de mire: ces braves villageois sont venus nous voir prier, ils ne tarderont pas à se joindre à nous, vous verrez!

Et, spéculant sur les trésors de piété publique que ne manqueraient pas d'engendrer les élans célestes de ses filles, la Supérieure enchantée se saisit du bras — d'une raideur réticente au début — d'un abbé Prégent médusé et elle s'y appuya avec naturel, comme elle se serait servie d'un bâton de marche.

Marie-Laure avait fort bien compris, elle aussi, qu'un mouvement de fond pouvait s'emparer du village et elle redoubla d'efforts pour le favoriser.

Avide de réussite, elle imaginait déjà saint Pierre coinçant sa longue barbe blanche avec son coude pour éviter qu'elle le gêne, assurant ses petites lunettes rondes sur son nez et traçant à la plume d'oie dans son grand livre, en lettres d'or : *bienheureuse Marie-Laure Letellier, apôtre des tièdes, victorieuse de l'indifférence*. Bercée par des songes aussi délectables, elle irradiait une beauté irrésistible. Elle s'en exaltait au point de prodiguer à ses compagnes les plus somptueuses de ses tenues, les plus chatoyants de ses colifichets. Elle parait toutes les autres et se dépouillait elle-même, ne gardant qu'une longue robe blanche serrée à la taille par un simple ruban bleu et n'acceptant, pour orner sa chevelure incendiée de riches reflets, qu'un pauvre petit cordon de velours noir. De sorte qu'elle se détachait si bien parmi toutes les autres qu'on la suivait en cortèges à respectueuse et amoureuse distance, comme s'il s'était agi de la Vierge en personne. Conformément aux espoirs de la Supérieure, Saint-Pascal se mit à suivre passionnément les exercices pieux en zonzonnant des *Ave Maria* autant qu'on voulait, en entonnant trente fois s'il le fallait le même cantique rituel lancinant.

À la fin du mois, sœur Sainte-Suzanne dut prendre l'initiative de créer un véritable service d'ordre, avec insignes et brassards, tant la foule compacte menaçait de froisser les toilettes vaporeuses des élèves, en passe de devenir des vedettes. De Saint-Denis, de Saint-Pacôme, de Rivière-Ouelle, et même de Saint-Alexandre, dont les cérémonies plus modestes avaient été boudées, affluaient tous les soirs des voitures bondées. Les prêtres de ces paroisses, impuissants à endiguer le flot, suivirent leurs brebis en faisant contre mauvaise fortune bon cœur, mais en se promettant l'année suivante d'emprunter aux religieuses du couvent de Saint-Pascal tels éléments de cette liturgie inédite dont le succès éclatant fondait hors de tout doute la valeur, édifiante ou théâtrale.

Les inconvénients de ces fastes si longuement soutenus ne se manifestèrent que dans les premiers jours de juin, une fois disparue la raison officielle de leur déploiement. D'abord, les élèves et les religieuses étaient totalement épuisées. La cloche matinale de six heures ne fit plus lever personne. Chacune, l'entendant, en tirait l'assurance réconfortante que les heures voluptueuses de la grasse matinée ne faisaient que commencer. Vers neuf heures, l'une d'entre elles finirait bien par ressentir l'inconfort de trop longues heures passées au lit et, en s'étirant dans une langueur repue, lancerait faiblement un cri d'alarme amorti, dont personne ne serait dupe.

— Nous avons encore passé tout droit! Qu'est-ce qui nous arrive?

Et, impassiblement complice, sœur Sainte-Suzanne répondrait sans varier:

— Bah, ce sera quelque chose dans l'air ou dans l'eau... Nous nous en remettrons.

Mais si les élèves avaient perdu tout sens des horaires, elles avaient également tout oublié des joies austères du travail. Elles se croyaient faites pour les chants, les danses, les jolies robes et pour les pâmoisons légitimées par le culte. L'arithmétique les faisait pépier d'indignation, la botanique les faisait rêver de guirlandes enfuies et de lentes processions somptueuses. Elles ne vivaient plus que du souvenir de leur enthousiasme de prêtresses païennes : elles n'aspiraient qu'à se replonger dans leur célébration de la nature et de son œuvre grandiose. Il leur arrivait de reprendre, en traînant les pieds, le chemin des salles de cours; elles ne s'y attardaient guère, vite sollicitées par les appels rieurs des compagnes, ravies de s'adonner dans la cour à des rondes alanguies ou endiablées.

Attachées à eux comme à des talismans, elles n'avaient plus quitté leurs oripeaux de gala, même pour dormir. Ils s'avachirent en conséquence très vite, d'autant plus que Marie-Laure, horrifiée de la dégradation de son œuvre, ne veillait plus chaque jour à leur remise en état et à leur repassage. Soudain redevenue étrangère aux autres, toute la journée, elle parcourait pieds nus à grands pas le jardin de chèvrefeuille, seule dans sa robe blanche dont elle avait abandonné le ruban bleu. Pour se donner une contenance, elle allait chapelet au poing, sans que ses doigts l'égrènent en aucune façon. Elle se sentait vide et anxieuse, un pli douloureux marquait les commissures de ses lèvres. Elle craignait de regarder sœur Sainte-Suzanne dans les yeux. Heureusement, l'aumônier ne pouvait être témoin de tout cela puisque la Supérieure lui avait marqué fermement son désir de le voir prendre un congé « oh combien mérité ».

Après deux longues semaines de dérive, Marie-Laure allait sombrer dans le désespoir lorsque sœur Sainte-Suzanne convoqua « toutes les élèves sans exception » à la chapelle. Elle leur fit réciter en chœur, à genoux, le *Je crois en Dieu* et elle les laissa méditer un moment. Puis elle leur commanda de s'asseoir bien droites et d'écouter. Empreinte de gravité, la Supérieure entra alors se mettre debout à côté d'elle en croisant les bras dans ses amples manches et en regardant fixement au-dessus des têtes dressées. Marie-Laure seule avait gardé le menton sur la poitrine.

— Est-ce que je ne vous ai pas dit souvent, très souvent, que la beauté humaine est éphémère ? Regardez-vous, vous toutes qui naguère étiez resplendissantes comme des anges du ciel ! Vous voici fripées, mal lavées, désemparées : vos beaux atours ne seront bientôt plus que des lambeaux. Comme il est déjà loin le merveilleux mois de Marie ! Le temps n'est-il pas arrivé de reprendre un régime de vie plus normal ? Laquelle d'entre vous pourrait ne pas en éprouver le désir profond ? Laquelle ?

Marie-Laure redressa lentement la tête, sans oser encore regarder son amie.

— Mesdemoiselles, je vous propose pour commencer de passer vos belles toilettes à la lessive et de les ranger jusqu'à une autre occasion qui en vaudra la peine. Ce n'est pas tous les jours fête, sinon il n'y aurait jamais de fête. Ne croyez-vous pas ? Vous reprendrez également l'horaire habituel et vous vous mettrez au travail. J'ai bien dit au travail, vous avez suffisamment joué. Vous vous amuserez lors des récréations, point à la ligne. Afin de marquer plus clairement la distinction entre jours de fête et jours ordinaires, notre Mère supérieure et moi avons décidé de vous faire porter de nouveau votre costume, ce saint habit dont vous vous vêtirez ordinairement, tout comme nous, les religieuses, nous le faisons. Désormais, vous aurez une tenue de semaine et la tenue des dimanches et fêtes. Remettez-vous à genoux et priez en silence. Marie-Laure Letellier me suivra un moment dans la sacristie.

La confusion fut indescriptible. Les élèves se contorsionnaient pour apercevoir Marie-Laure, qui était tombée assise dans son banc. L'on chuchota, l'on s'interrogea à haute voix. La Supérieure dut taper dans ses mains. Le calme enfin revenu, elle s'en fut près de la rangée de Marie-Laure et attendit. Quelques longues secondes après, la jeune fille sortait de la chapelle par la porte de la sacristie.

Elle se jeta en sanglots dans les bras de sœur Sainte-Suzanne. Elle n'en pouvait plus, elle ne savait pas vraiment ce qu'elle avait fait, elle avait cru travailler à la gloire de Marie, elle avait pensé réussir, elle avait peut-être réussi, mais tout s'était si vite effondré, elle ne savait plus. Elle se demandait si elle n'avait pas répandu la vanité et la coquetterie autour d'elle. Elle avait glissé au sol et serrait convulsivement les genoux de la préfète, attendant son avis, mais le craignant plus que tout. La religieuse la releva avec sollicitude.

— Tu es excessive, tu veux tout, tout de suite et mieux que les autres. Mais je veux te croire sincère. Tu es une meneuse, avec toi le couvent pourrait faire des miracles, ou courir à la débandade. Tu admettras que maintenant nous avons toutes besoin d'un peu de paix. Si tu te faisais moins remarquer, tu ne t'en porterais pas plus mal. Tu pourras réfléchir. En attendant, tu vas donner l'exemple et revêtir, pour entraîner les autres, cette robe dont vous êtes toutes normalement vêtues.

— Mais c'est en grosse étoffe piquante, et noire ! Et... ça n'a pas de coupe ! Nous avons l'air de domestiques, là-dedans ! Vous n'y pensez pas, ma sœur !?

— Quand je te disais « excessive »... Allez, un peu d'humilité, un peu de bonne volonté. Je te laisse, tu me suivras dans le chœur, nous t'attendons.

Tremblante, Marie-Laure posa sa robe blanche sur l'aube du célébrant et la défroissa du bout des doigts. Avant de réendosser le cruel uniforme du couvent, elle fit à demi nue une parade de défi autour de la pièce. Lorsqu'elle parut, entre la préfète et la Supérieure, elle fit sur ses compagnes un formidable effet. Ses cheveux rassemblés dans un chignon sévère, son expression d'immense détresse et le nouveau vêtement rébarbatif dessinaient d'elle l'image d'une malheureuse récemment sortie de prison. Spontanément, des larmes de pitié se mirent à couler sur les joues des couventines.

Ensuite, Marie-Laure n'aspira plus qu'à terminer l'année scolaire avec les meilleures notes. Ses compagnes attendirent d'elle quelque initiative spectaculaire, un éclat, un baroud d'honneur, mais elle s'était absorbée dans ses pensées, retenant son souffle pour juguler son agitation intérieure. Elle exerça sur elle-même une contrainte terrible et parvint à confesser le fond de son cœur à l'aumônier, qui fut ravi que son apostolat porte fruit, enfin. Et, enfin, il avait « ferré » une personne de conséquence. Ce début de rapprochement eut un effet malheureux sur Françoise Desjarlais, qui avait jusqu'alors le monopole des activités de Dieudonné Prégent. Elle se sentit à juste titre négligée, et lorsque son idole eut refusé trois fois son sucre à la crème, elle s'estima trahie. La nuit, la tête sous son oreiller, elle pleurait toutes les larmes de son corps; le jour, elle rêvassait, morose, en triturant de ses doigts boudinés les poches qui se formaient sous ses yeux. Son air de chien battu finit par énerver Marie-Laure. Un jour, sous le préau, elle lui lança:

— Veux-tu me dire ce qui t'arrive ? Tu ne te ressembles plus !

— Laisse-moi tranquille, toi.

— Je t'ai fait de la peine ?

— Tu m'as volé ma vie !

Désarçonnée de tant de véhémence, Marie-Laure prit le parti de rire. Françoise ne put retenir ses larmes.

— Pleurnicharde, va ! risqua Marie-Laure. Gros bébé gâté ! Prends mon mouchoir et viens me raconter...

— Comme si tu savais pas, toi !

— Tu refuses de me parler ? Comme tu voudras, j'ai mes examens à préparer, on se reverra peut-être avant les vacances...

La perspective de perdre aussi Marie-Laure affola complètement Françoise, qui bondit pour la plaquer au sol de tout son poids et se mit en hurlant à la marteler de ses poings vengeurs. Sa victime mêla ses hurlements aux siens et jouait de tous ses membres pour se débarrasser d'elle, mais une énergie de désespérée donnait le dessus à Françoise. Il y eut vite un attroupement, que rejoignit sœur Sainte-Suzanne. Elle n'hésita pas. Elle prit les deux combattantes aux cheveux et ainsi elle les fit mettre debout, leurs mains battant encore l'air.

— Sottes que vous êtes, arrêtez ! Est-ce un exemple à donner à vos compagnes ? Qu'est-ce qui vous a pris ?

Les explications furent si haletantes et si confuses qu'elle les expédia toutes les deux à la chapelle pour un temps indéfini, avec défense expresse de regarder en direction l'une de l'autre. Elles pouvaient être assurées que leur bulletin de fin d'année porterait une mention de mauvaise conduite. Elles se débrouilleraient comme elles le pourraient avec leurs parents. La Mère supérieure déciderait elle-même si elles mériteraient d'être réadmises l'année suivante.

La mort dans l'âme, Marie-Laure s'en fut à la chapelle, mais elle eut la présence d'esprit de demander l'autorisation d'apporter avec elle ses cahiers et ses livres. Sœur Sainte-Suzanne voulut un instant s'en offusquer, mais elle baissa les bras et chassa sa jeune amie du geste. L'abbé Prégent accourut à la chapelle, et Françoise se mit à gémir comme une âme du purgatoire.

— C'est donc vous, dit tout haut Marie-Laure, qui nous l'avez mise dans cet état ?

— Je... euh... moi ?

— Vous ne vous rendez même pas compte de ce que vous faites ! Si vous n'aviez pas perturbé mon amie Françoise, elle ne me serait pas sautée dessus comme une furie...

— Mais enfin, voyons !...

— Françoise et moi, désormais, nous irons nous confesser au curé du village et nous expliquerons nos raisons aux autorités de notre couvent ! Laissez-nous en paix ! Allez-vous-en !

L'abbé, aux abois, fila sans demander son reste. Il s'en fut se réfugier aux champs, près de la statue de la Vierge, la priant de le protéger des foudres des religieuses et de son évêque. Elle seule maintenant connaissait son cœur ; il n'avait voulu que le bien de ces jeunes filles. Il ne comprenait pas pourquoi elles se liguaient contre lui...

VI

Georgiana avait écrit à son fils pour Noël, en l'absence d'Honoré dont l'exil à Kedgwick se prolongeait. Elle assurait d'autant plus chaleureusement Gustave de leur affection à tous deux qu'elle était contrainte de lui annoncer une nouvelle qui ne le prendrait sans doute pas exactement par surprise, mais qui n'en serait pas moins pénible. Un salaire inférieur ne suffisait décidément pas à payer les dépenses de la maison de Mont-Joli et celles, même modestes, de l'appartement au-dessus de la gare de Kedgwick. Les économies avaient fondu. Temporairement elle l'espérait, la famille devrait se résigner à se serrer la ceinture. Donc, à compter de l'année prochaine, faute de moyens, Gustave devrait passer du cours classique au cours commercial et ainsi écourter ses études. Sachant les Brazeau dans la gêne, le curé de Mont-Joli avait approché Georgiana en lui laissant entendre que les Dames de sainte Anne recueillaient justement des dons afin de permettre à quelques jeunes gens d'élite de se maintenir au collège pour accéder ensuite au grand séminaire et à la prêtrise. Avec son accord, il pourrait se charger de présenter le cas de Gustave, qui saurait avoir la vocation autant que quiconque. Simplement, ce serait tellement plus facile si elle consentait à se joindre à la congrégation...

Elle avait répliqué, assez vertement, que ses principes lui interdisaient des manœuvres semblables, et le curé vexé n'avait pas poursuivi. Elle écrivait toutefois à Gustave qu'il n'était pas obligé de suivre l'avis de ses parents, et que s'il désirait emprunter la voie indiquée par le curé, il n'était jamais trop tard pour le faire. Gustave embrassa plusieurs fois la lettre en pleurant et répondit à sa mère qu'il changerait de programme comme il était nécessaire, et qu'il les remerciait, elle et Honoré, de le traiter en adulte. Il exigeait pour finir des nouvelles de sa sœur, qu'il accusait plaisamment de ne se soucier de lui que lorsqu'elle avait faim...

Gustave entama son ultime trimestre d'études classiques dans une ardeur rageuse: on allait devoir lui décerner prix et accessits; on se souviendrait de lui. Le directeur du collège de Lévis interpréta ces efforts comme une demande indirecte de bourse et il se fit auprès du jeune homme le porte-parole de l'Œuvre diocésaine des vocations. Avec douceur et dignité, en rendant mentalement hommage à Georgiana et Honoré, Gustave refusa. Il se sentait appelé ailleurs: depuis sa tendre enfance, il rêvait de suivre les traces de son père.

Le directeur fit valoir les aléas de la vie laïque (les Brazeau n'en avaient-ils pas fait l'expérience à leurs dépens?) et les profits spirituels de la vie ecclésiastique. Afin de briser là, Gustave répondit que nulle soutane, et aucun vœu, ne l'empêcheraient jamais de courir les filles à sa guise. Dans le respect des règlements du collège, bien entendu. Le sourire apostolique du directeur se figea pour de bon.

Son été, Gustave se fit un point d'honneur d'aller le passer à Kedgwick en compagnie de son père, qui se débrouilla pour lui trouver de l'embauche à l'entretien des voies. Le maigre argent ainsi gagné ne serait pas de trop, car Georgiana attendait un troisième enfant. Fier de sa forme sportive et de sa jeunesse, Gustave se lança avec fougue dans ces durs travaux. Les autres membres de la brigade, plus aguerris et plus sages, le laissèrent s'escrimer tant qu'il voulut contre les aulnes, piocher, pelleter, coltiner les dormants et les rails. À ce régime, il s'infligea aux pieds des ampoules qui le martyrisèrent trois longues semaines, et il dut fréquemment prier son père de soigner au liniment Minard ses muscles endoloris. N'importe, il riait de ces petits malheurs, mangeait comme un ours et devenait râblé comme un taureau.

Chaque soir, il avait la joie de retrouver son père à la gare. Ils montaient ensemble faire la soupe et ils discutaient chemins de fer, industrie, finance. Comme jamais il n'avait eu l'occasion de le faire depuis l'adolescence de son fils, Honoré exposa à la lueur de la lampe à pétrole et les moustiquaires des fenêtres assaillies par des nuées de mouches noires, sa conception de la vie moderne. En ces lieux solitaires, cernés par les taillis, hantés par la forêt, il revint régulièrement sur la révolution urbaine et ses conséquences, il monta en épingle l'avenir doré qui attendait les audacieux, ceux qui au bon moment sauraient parier sur le progrès. Il ne regrettait qu'une chose, c'était de ne pas pouvoir se trouver lui-même aux premières loges... Gustave n'aurait pas eu besoin de ces propos enthousiastes et désolés pour comprendre à quel point son père souffrait de sa relégation au Nouveau-Brunswick.

— Nous nous en sortirons, papa, je te le jure ! Et la tête haute...

En attendant, le jeune homme s'acquittait de ses travaux de force avec tant de bonne humeur et d'entrain qu'il finit par influer sur le moral des autres manœuvres. Ils se lassèrent de tirer au flanc, et puis les heures passaient nettement plus vite lorsqu'ils s'activaient un peu. À Gustave, ils apprirent à ployer les jambes lorsqu'il devait soulever une charge hors de l'ordinaire: sinon, il risquait de s'esquinter le dos. En retour, le jeune sportif leur racontait comment les joueurs de base-ball se faisaient les muscles.

Un Italien récemment immigré de Calabre intriguait tout le monde par son comportement à part.

— Lé hockey, lé base-ball ? Connais pas, disait-il avec désinvolture. Parlez-moi du football, au moins !

Et, sommé de s'expliquer sur le sens qu'il osait attribuer à ce mot très connu en Amérique du Nord, mais qui désignait un sport différent, il entreprenait avec une faconde truffée d'italianismes des explications profuses accompagnées de gestes dont l'ampleur tenait les contradicteurs en respect. Le spectacle fascinait, on en redemandait:

— Luigi, ton football, tu voudrais pas nous l'expliquer encore une fois. Il y a des détails qui nous ont échappé... Montre-nous comment tu fais avec les pieds !

Amusé autant qu'eux, Luigi shootait un sac à dos rempli d'herbe par-dessus le remblai, courait le recevoir avec sa tête de l'autre côté, le laissait bondir sur son épaule, puis sur sa hanche, avant de le reshooter en direction des copains, qui ne manquaient pas d'applaudir à tout rompre.

Ses casse-croûte ne remportaient pas le même succès. Dès qu'il ouvrait son sac de papier couvert de taches huileuses, le vide se faisait autour de lui. Stoïque, il exhibait son quignon de pain imbibé d'huile d'olive comme si de rien n'était, sortait son couteau, disposait savamment sur d'épaisses tartines des rondelles d'oignon cru et des éclisses d'ail tout aussi cru.

— Vous savent pas cé qué vous manquez, les gars, murmurait-il en hochant la tête. C'est bon pour la santé, ça donne de l'énergie...

— Et ça te donne aussi une haleine fraîche comme la rose ! de compléter de loin un loustic aux aguets.

Un jour, Luigi répliqua :

— Et l'Empire romain, eh, qu'est-ce que vous en faites ?

— Qu'est-ce que tu veux dire ? s'interposa Gustave intéressé.

— S'il n'y avait pas eu l'ail, l'oignon, l'olive et le blé, il n'y aurait pas eu d'Empire romain.

— C'est un point de vue. Je veux tenter ma chance de devenir empereur comme toi. Prépare-moi une bonne grosse bouchée, je ferme les yeux, je me pince le nez et je l'avale...

Gustave dut engloutir un litre d'eau pour adoucir le feu qui lui arrachait la bouche. Luigi se tenait les côtes, les autres faisaient mine de rester à distance à cause de l'odeur.

— Bon, dit Gustave en essuyant une dernière larme causée par l'oignon rouge, passez-moi la barre à mine : maintenant que je suis plus fort, je redresserai les dormants tout seul. Vous pourrez faire autre chose ou ne rien faire, si l'envie vous reprenait...

Les protestations fusèrent et ils se rassemblèrent tous pour être témoins du miracle. Gustave se cracha dans les mains, rentra sa barre sous un dormant, la cala avec une pierre et appuya, et encore et encore. Rivé au sol par la masse des rails, le dormant ne bougeait pas. Gustave exhala son haleine parfumée sur ses biceps et recommença. Luigi, soudain, se précipita en avant en criant que ça venait. Il vint peser sur la barre lui aussi. On l'accusa de tricher, mais le dormant fut remis en position. S'il n'avait convaincu personne pour le régime alimentaire, il s'était fait un ami et un complice.

Gustave déridait son père en lui racontant ces menues aventures. Et il lui posait parfois des questions :

— Il n'y a que des Canadiens français et deux immigrés dans notre brigade d'entretien. Pourquoi, tu le sais, toi ?

— Nous avons la réputation d'être costauds, dociles et bon marché. Des bêtes de somme parfaites.

Gustave lança un regard hostile à son père. Il avait subitement honte de correspondre aussi bien à cette caricature. Honoré sentit qu'il l'avait touché au vif et s'expliqua. Il fallait apprendre des métiers, se lancer dans la technique, faire des affaires, exister, quoi, dans ce monde moderne impitoyable qui n'attendrait pas les traîne-la-patte. Gustave termina son été au rythme étale de ses compagnons de travail : il avait compris au profit de qui il se serait échiné. Il ne leur devait rien, bien au contraire...

De plus en plus tôt, les ombres de la forêt engloutissaient la mince trouée rectiligne où fuyait la voie ferrée, l'été s'achevait. Gustave appréhendait son retour prochain au collège, et dans ce désœuvrement de fin de journée, il ruminait l'injuste situation de son père qu'il allait devoir abandonner à sa solitude. En dépit des paroles brutales d'Honoré à ce sujet, il songea que son devoir était peut-être d'interrompre tout de suite ses études et de rester auprès de lui. Pour devenir manœuvre à perpétuité ? ou bûcheron ? ou... défricheur ? Tant soit peu instruit par ses lectures et par les admonestations paternelles, il se raisonna : c'était là le plus sûr moyen de plonger sa famille dans une existence médiocre dont elle ne sortirait plus, la maison de Mont-Joli serait vendue, Georgiana serait obligée de les rejoindre avec les deux plus jeunes... Décidément, il fallait qu'il se batte pour venir en aide aux siens.

Pétri d'un humanisme assez scolaire, son idéal d'adolescent encore peu entamé, toujours disposé à croire que le bon sens pouvait influer sur les affaires humaines, il résolut de préparer, en cachette, un argumentaire si solide que les autorités de la société de chemins de fer seraient forcées d'y souscrire et de rectifier leur décision malheureuse. Il écrirait au président lui-même, car il s'agissait de frapper haut et fort. Pendant qu'Honoré s'occupait d'un convoi à l'arrêt, il s'empara dans son bureau d'un crayon tout neuf et de quelques feuillets du meilleur papier, courut à l'étage s'installer sur leur petite table de cuisine et mouilla soigneusement la mine avec de la salive. Il subtiliserait une plume et un encrier lorsqu'il recopierait.

Gustave chercha un titre flamboyant, s'apprêta à l'inscrire en grosses majuscules. Et il suspendit son geste à mi-course. Merde ! Il allait écrire en français ! Alors que tout lui indiquait qu'il ne serait pas compris, si même il était lu. Jusqu'aux fiches de travail des manœuvres, et leur bulletin de paie, étaient rédigés en anglais, sans égard à la langue des employés... Était-il donc obligé d'utiliser l'autre langue, celle qu'il avait apprise dans Shakespeare et Dickens au collège ? Il se hérissa à cette idée : une chose était d'apprendre une langue librement, une autre était d'être contraint d'en user pour une démarche de première importance. Et s'il faisait suivre le texte français d'une traduction ?... Ah, les Anglais risquaient de s'en formaliser, ils étaient très à cheval sur leurs convenances, tout ce qu'ils jugeaient *proper*, ils s'attendaient que tous le jugent *proper* aussi. Mais écrire en anglais seulement, c'était déjà se renier soi-même et donner tort aux siens d'avoir résisté aux brimades des Anglais de Metis Beach.

Son crayon resta longtemps suspendu, il cherchait un moyen de s'en sortir. Il renonça à l'argumentaire et rédigea en anglais une lettre au président, où il s'excusait d'abord de ne pas écrire en français, la langue qu'il connaissait le mieux, mais que tous ne pratiquaient pas dans son organisation. Ensuite, il demandait rendez-vous pour l'entretenir d'un problème de justice élémentaire concernant M. Honoré Brazeau, dont la carrière stagnante nuisait au chemin de fer autant qu'à celui qui en était la victime la plus directe. Pour se donner du poids, Gustave inscrirait le nom et l'adresse de son collège sous sa signature. Tant pis s'ils pensaient qu'il était prêtre, ou tant mieux...

Gustave attendit la réponse jusqu'à Noël, perfectionnant son anglais comme il s'était naguère entraîné au base-ball. Il tenait à pouvoir affronter l'adversaire sur son propre terrain. Le 26 décembre, rentrant sa rage, il expédia un télégramme à son père: qu'il vienne lui rendre visite le premier de l'an, c'était urgent; même s'il était très pris par les horaires de son travail à Kedgwick, ils se verraient à la gare de Lévis, entre deux trains.

Lorsqu'il mit pied à terre, Honoré pleura d'émotion à la vue de sa petite famille réunie pour l'accueillir. Gustave avait envoyé un télégramme analogue à Georgiana, en l'avertissant d'une surprise agréable. Son intuition avait fait le reste. Elle avait préparé un panier de provisions débordant de galantines, de pâtés, de gâteaux, de bonbons de fantaisie. Ils s'installèrent, tous de très bonne humeur, sur les bancs de la salle d'attente pour se restaurer. Après le thé, Gustave perçut le regard interrogateur de ses parents et amorça, après avoir bercé un moment bébé Alfred dans ses bras, la conversation qu'il s'était promise avec son père et sa mère. Se sentant négligée, Alma s'en fut bouder à la fenêtre et griffer férocement le givre sur chacun des carreaux.

— Est-ce que papa a jamais pensé que l'union fait la force? J'ai trouvé une solution à nos problèmes! Vous allez voir, c'est la solidarité qui va nous sauver! Vous ne me croyez pas?!

Jamais Gustave ne soufflerait mot à qui que ce soit de l'initiative épistolaire sur laquelle il avait tant compté. Cela resterait entre lui et la conscience aiguë qu'il commençait à prendre du monde. Honoré, qui ignorait tout de ce cheminement intérieur, fut estomaqué de la suggestion de son fils et de la maturité qu'elle révélait. Mais après un court instant de fierté rougissante, il choisit de le tancer.

— Suffit, je sais où tu veux en venir! Tu me vois membre d'une *trade union*? Ton été a donc eu une influence néfaste sur toi, que tu ne sais plus faire la différence entre les travailleurs manuels et les autres?! Je te signale que nous, les chefs de gare, nous dirigeons des opérations et du personnel, comme notre titre l'indique: nous exerçons des responsabilités, dont la tenue de livres est la plus noble. Lorsque nous apposons une signature au bas d'un rapport, c'est notre responsabilité personnelle que nous engageons: nous ne saurions faire partie d'un groupe, nous ne devons pas être traités comme un troupeau.

— Papa, dit Gustave en se levant, il me semble qu'à Kedgwick, tu es le seul employé... Et que tu diriges des opérations entièrement prévues par ailleurs... Bien sûr, j'admire ta conscience professionnelle, mais je trouverais anormal qu'elle te fasse travailler contre toi-même. Certes, les chefs de gare sont tous des individus responsables. Le titre de chef qu'ils portent avec dignité n'en est pas moins une catégorie d'emploi, gérée comme telle par votre employeur. Vous êtes des cols blancs, comme moi cet été j'étais un col bleu, pas des patrons!

— Où est-ce qu'il va chercher tout ça? l'interrompit Georgiana.

— Oui, protesta Alma depuis la fenêtre, je te comprends pas, moi !

— Je ne sais pas si moi-même je le comprends, soupira Honoré.

Les pleurs du petit Alfred imposèrent une trêve à la discussion, qui menaçait de s'enfiévrer. On le changea, on le berça, on l'endormit. Gustave reprit à voix plus basse :

— Réfléchis, tu as besoin d'un levier, que tu ne sembles pas devoir trouver chez tes supérieurs. Alors quel choix te reste-t-il ?

Suprêmement agacé, Honoré sortit sa montre de son gousset et annonça presque avec soulagement, avant de disparaître trop vite dans la vapeur glaciale du quai :

— Mon train arrive, il faut que je reparte. Je vous remercie tous de cette belle surprise. Quant à toi, Gustave, tenta-t-il de plaisanter, ménage tes méninges, tu vas surchauffer...

Georgiana, Gustave et Alma se précipitèrent dehors à leur tour, sans pouvoir repérer le wagon d'Honoré. Le train repartit en crachotant. Ils rentrèrent retrouver le nourrisson.

— Fallait-il, dit Georgiana découragée, que toi, son propre fils, tu l'humilies à ce point ?

Gustave se sentit si mal compris qu'il leur souhaita abruptement bon voyage et quitta la gare sans se retourner. Alma se mit à l'appeler en hurlant ; Alfred se réveilla maussade et vagit à fendre l'âme. Georgiana appuya ses coudes sur ses genoux et s'abîma dans les larmes.

VII

Marie-Laure termina brillamment son École normale au couvent des Petites Sœurs du Bon Secours. Sa popularité, en revanche, connut des hauts et des bas, selon des offensives de séduction ou de sauvages mouvements de retrait auxquels elle ne pouvait rien. Dans les périodes les plus noires, il ne lui était resté que l'amitié indéfectible de sœur Sainte-Suzanne à laquelle se raccrocher. Mais elle avait surnagé.

Gustave finit ses études commerciales en tête de sa promotion. Il avait dû mettre les bouchées doubles pour rattraper les camarades de ce programme nouveau pour lui. Malgré les pressions des entraîneurs, il avait donc décidé de ne plus faire partie de l'équipe de base-ball. La nouvelle avait beaucoup affecté les amateurs du collège et de la ville; une grande cérémonie d'adieu au sport fut organisée et un trophée spécial offert au jeune héros qui se retirait. Ce soir-là, il ne refusa pas de boire, à même la bouteille, de longues rasades de ce liquide ambré dont la plupart raffolaient, tant il avait froid au cœur.

Naïvement, Marie-Laure avait espéré trouver une place d'institutrice non loin de Saint-Pascal et de son amie la plus chère. On l'avait bien prévenue que ce serait pour ainsi dire impossible; elle s'était entêtée à écrire aux marguilliers des alentours des demandes appliquées, qu'elle appuyait de références prestigieuses à ses yeux. Et elle s'était installée dans une attente boudeuse, s'imaginant officier du haut d'une estrade repeinte de frais, derrière un bureau qui en imposerait par ses dimensions. Le délicat serait de refuser ces offres que lui feraient certainement tant d'écoles de paroisse. Les pauvres marguilliers seraient déçus...

Le prolongement naturel du cours commercial était un stage dans une entreprise. Gustave aurait souhaité connaître ce qu'il y avait de plus gros et de plus avancé techniquement: l'usine de l'Anglo Pulp and Paper Company, à Québec. Comme son collège ne s'était pas estimé en mesure de l'y présenter, le jeune diplômé s'était bravement amené tout seul à la direction du personnel. Avant même qu'il ait pu ouvrir la bouche, la secrétaire l'avait congédié du geste en grommelant qu'il n'y avait pas d'embauche.

— C'est pour un stage, je suis diplômé en commerce.

La secrétaire leva enfin la tête, écarquilla les yeux:

— Mais... vous... je vous ai déjà vu au base-ball! Vous étiez... n'importe. Ah, ne passez donc pas votre temps à rectifier votre cravate, ça vous donne l'air dadais! Je vais voir si le directeur... quoique ça m'étonnerait que...

Mister Dunn le reçut affablement en anglais. Gustave ne se laissa pas démonter et trouva réponse à toutes les questions. Mister Dunn lui confia ensuite, comme si la chose était allée de soi, que l'Anglo Pulp réservait, pour des raisons d'efficacité qu'il devait s'efforcer de comprendre, ses emplois de comptabilité et de vente à des Anglais ou à la rigueur à des Irlandais comme lui-même.

— Otherwise, we would loose too much time explaining, I'm sure you understand?

Gustave rougit violemment, mais il se contint. Il expliqua, en malmenant un peu la vérité, qu'il ne cherchait pas nécessairement d'emploi après son stage, puisqu'il avait ses entrées (!) dans les chemins de fer. Mister Dunn admettrait peut-être l'existence d'un lien entre les deux secteurs, puisque le soufre, une partie des grumes et les bobines de papier brut transitaient par le rail. Il se faisait un point d'honneur de mieux connaître ses futurs clients...

— Well, I'll see what I can do, you're a convincing chap...

En attendant la place rêvée, plutôt que d'aller s'enterrer à Cap-Chat, trop près de son père, Marie-Laure avait obtenu de séjourner à l'orphelinat de La Pocatière pour s'occuper des enfants, qu'elle traita comme les écoliers qu'elle aurait bientôt. Complètement égarés par les discours savants qu'elle leur tenait, les plus petits se contentaient de la regarder bouche bée, tandis que les grands n'avaient d'oreille que pour la porte du parloir, par laquelle ils apercevraient peut-être un jour des parents adoptifs qu'ils souhaitaient et redoutaient à la fois. Certains garçons parmi les plus âgés ne faisaient que la dévisager d'un œil polisson. Marie-Laure, elle, peu troublée, se désespérait du manque d'attention de ses cobayes et repassait fiévreusement dans sa tête les leçons de pédagogie qu'elle avait reçues au couvent. Les nouveaux arrivés se joignaient au groupe sans qu'elle les remarque vraiment, et les quelques-uns qui le quittaient ne versaient guère de larmes.

— Je vous apprends à lire et ça ne vous intéresse pas ! protestait Marie-Laure.

Une sœur converse qui briquait le plancher à genoux lui lança, agacée :

— Mademoiselle, si vous les preniez dans vos bras de temps à autre, ils seraient sans doute mieux disposés !

Marie-Laure pensa que la pauvre simplette lui démolissait ses principes pédagogiques sans même le soupçonner. Il fallait du sérieux, de la gravité, dans une classe, personne ne la ferait agir autrement.

À la fin de cet été-là, Gustave s'était enrichi d'une formidable expérience industrielle. Sa soif de tout comprendre était telle qu'il avait négligé la suite de sa carrière, confiant à demi que Mister Dunn ferait revenir les dirigeants de l'Anglo sur leurs préjugés et lui dégoterait quelque chose. Son enthousiasme prit un dur coup lorsque, avec des remerciements ampoulés, on le remit à la rue après la période prévue pour son stage. Il eut quand même le réflexe de solliciter une lettre de recommandation, qu'on ne put lui refuser. Et il reprit le chemin de Mont-Joli, d'où il comptait bien repartir aussitôt, après avoir obtenu un emploi digne de sa formation. En attendant, il renouerait avec sa famille, qu'il adorait malgré les désaccords récents. Il croyait pouvoir facilement trouver de l'emploi temporaire comme commis aux écritures, mais le marchand général ne lui proposa qu'un travail de commis de quincaillerie. Il se donna une semaine pour réfléchir et, tous les jours, il se rendait à la gare avec une envie terrible de fuir par le premier train.

À la fin de cet été-là, Marie-Laure, n'ayant trouvé rien d'autre, dut se résigner à quitter l'orphelinat de La Pocatière pour Cap-Chat où on lui avait assigné une école de campagne, au Grand-Fonds, à deux heures de marche de la maison paternelle. Elle soupçonna là-dedans une machination d'Isidore pour l'humilier et affirma son intention d'habiter sur le lieu de son travail. La mort dans l'âme, elle fit charger sa grosse malle dans le fourgon à bagages, après avoir néanmoins revêtu une robe très coquette de sa panoplie. Elle aurait voulu que son train n'avance qu'à pas de tortue. Elle redoutait d'arriver dans cette Gaspésie qu'elle avait rejetée. Elle ne voyait pas comment elle parviendrait à en ressortir. Elle s'était assise en sens inverse de la marche, comme si le fait de regarder en arrière pouvait retarder le moment fatidique. Et les nerfs à fleur de peau, elle tournait et retournait sur un doigt ses mèches blondes les unes après les autres. L'arrêt de Mont-Joli fut annoncé : vingt minutes. C'était un jeudi.

Gustave s'avança : aujourd'hui, il serait monté. Marie-Laure descendit : elle songeait sérieusement à rater le départ. Ils se virent. Gustave fut saisi d'un envoûtement qui l'immobilisa, Marie-Laure d'une curiosité exaltée à l'égard de ce jeune homme bien mis qui ne cessait de la fixer. Elle restait sans rien dire au bord du quai, épinglée contre la voiture, l'ombre d'un sourire avivant ses lèvres. D'abord, ils ne se dirent rien, leurs souffles s'affolaient dans leurs poitrines. Le train déjà s'ébranlait.

— Puis-je vous écrire, mademoiselle ?

— Vous n'alliez pas monter ? ! Marie-Laure, école du Grand-Fonds, Cap-Chat, Gaspésie, dit-elle très vite en s'élançant vers sa place.

— Gustave... Gustave Brazeau, dit-il en la poursuivant jusqu'à l'intérieur. Et le nom de votre père ?...

— Euh... ça ne vous regarde pas ! Descendez !

— Comment ?

— Vous allez vous estropier si vous ne descendez pas tout de suite !... Ah ! Letellier. Marie-Laure Letellier. Vous l'aurez voulu !

Gustave n'en revenait pas de son étrange bonne fortune. Sur le quai pourtant désert, il entra en collision avec le nouveau chef de gare qui lui jeta sans excès d'aménité :

— Si tu t'ennuies tant que ça des chemins de fer, Brazeau, pourquoi tu ne fais pas de demande d'emploi comme tout un chacun ? Marche un peu sur ta fierté, va ! Ça t'évitera de venir te mettre dans nos jambes tous les jours que le bon Dieu amène...

Gustave voguait sur un petit nuage rose :

— Vous avez raison, monsieur Landry, j'y penserai.

Il aurait donné raison au monde entier. Elle était... extraordinaire ! Elle était...

Moins sombre qu'auparavant, Marie-Laure fut s'installer dans le wagon de queue, regardant plus que jamais en arrière. Il était... très bien, et même davantage, ce jeune homme... Écrirait-il ?

Deuxième partie

VIII

Après avoir fait le détour pour embrasser du bout des lèvres son père Isidore, sa mère Philomène, Imelda, Ghislain et ses autres frères et sœurs, mademoiselle l'institutrice Marie-Laure Letellier s'en fut au Grand-Fonds pour prendre possession de sa première école. Les vacances d'été avaient dégradé les lieux bien davantage que les tourmentes de l'hiver. Tous les carreaux avaient été systématiquement cassés: le travail avait été fait avec application. Méfiante comme si les vandales pouvaient encore se trouver dans les parages, Marie-Laure fit le tour de la maisonnette en retenant son souffle à chaque coin. Elle inspecta jusqu'au moindre buisson avec l'héroïsme d'une Madeleine de Verchères. Hésitante, elle se résolut tout de même à affronter la porte, dont le cadenas dérisoire avait été arraché. Passant un doigt songeur sur le chambranle martyrisé, elle laissa enfin couler ses larmes. Partout des éclats de verre et des petites pierres rondes, instruments du crime, qui gisaient encore sur le plancher.

Elle songea à prendre la fuite. Maintenant, elle comprenait l'attitude du commissaire qui avait refusé de l'accompagner; maintenant, elle comprenait que le paysan taciturne qui l'avait abandonnée elle et sa malle au bord de ce chemin poussiéreux ait tenu à filer si vite, en fouettant sans pitié son pauvre cheval. Elle se sentait piégée, impuissante. Et puis la rage la saisit. Sans daigner ouvrir le rideau délavé qui séparait la salle de classe du réduit où elle était censée dormir, elle prit la tribune d'assaut, s'empara de la chaise, la souleva au-dessus de sa tête et la projeta de toutes ses forces vers le poêle rouillé.

— Maudite Gaspésie, jamais je n'aurais dû revenir!

Mais elle ne put se décharger le cœur davantage. Des bruits de voix à l'extérieur la firent d'abord s'accroupir peureusement derrière le bureau, pour ensuite risquer un œil.

— Doucement, mon garçon, faut rien abîmer, la maîtresse serait pas contente!

— Minute, le père, on change de place, vous allez entrer le premier. Après ce qu'on a entendu, j'ai peur d'elle...

Marie-Laure se précipita à leur rencontre en arborant son plus beau sourire.

— Comme vous êtes aimables, messieurs! J'aurais été incapable de transporter mon bagage toute seule. Attention aux débris qui nous roulent sous le pied, posez tout sur le bureau pour le moment, là, ho hisse, comme ça, merci. Je n'aurai sans doute pas besoin de l'ouvrir avant de m'en retourner.

— Vous repartez avant d'avoir commencé! s'étonna le garçon d'une douzaine d'années.

— Laisse mademoiselle tranquille, le gronda son père, c'est à elle de décider.

Marie-Laure le regarda, reconnaissante, puis elle examina le fils des pieds à la tête.

— Est-ce que tu fréquentes l'école, toi?

— Ben non, chus trop grand, trop fort, faut que je travaille.

— Pas de vitres, pas d'élèves, qu'est-ce que je fais ici? La première voiture qui passe, je la prends! Je vais vous aider à ressortir la malle.

— Vous avez jamais entendu parler de Georges Perron, mademoiselle?

— Euh... pourquoi?

— C'é moé.

— C'est moi! ne put-elle s'empêcher de rectifier.

— Correct, c'est mouaaa! Vous voyez comme on a besoin d'une maîtresse d'école par icitte. Essayez une petite journée, toujours. Les enfants seraient déçus de se retrouver sans personne, demain, à la rentrée.

— Vous avez vu l'état des lieux?! Et pas de livres, pas de cahiers, pas de crayons, pas de tableau, pas de craie! Monsieur Perron, vous ne voulez pas sérieusement que je reste?

— Si ça peut vous encourager, osa le fils, je viendrai faire mon tour de temps en temps.

— Pour apprendre ou par courtoisie?

— Comme vous voudrez, mademoiselle.

— Sache que je ne m'intéresse pas à ceux qui ne veulent pas apprendre.

Ne trouvant rien à répondre, le malheureux garçon sortit bouder dans la cour. Ce n'est pas de sitôt qu'il reviendrait affronter cette furie, elle n'avait qu'à se le garder, son fameux savoir !

Georges Perron expliqua à Marie-Laure que ses voisins et lui étaient prêts à effectuer les réparations nécessaires gratuitement, mais que les matériaux n'arrivaient pas. Quant aux livres et au reste, il avait cru préférable, à son habitude, de ranger tout cela chez lui : c'était précieux, et comme l'école était assiégée chaque été par des sauvages...

— Bon, dit-il, si vous avez des petites affaires à prendre, c'est le temps, je vous emmène chez nous.

— Pour vous déranger ? Non merci.

— Vous allez pas dormir dans ce champ de bataille, et toute seule ! ?

— Ce sera un test : si le Seigneur veut que je reste au Grand-Fonds, il me donnera la force de passer la nuit dans mon école.

— Voyons, je peux pas vous laisser faire ça, on me traiterait de sans-cœur !

— Débrouillez-vous avec les cancans. Et d'abord, dites-moi donc seulement s'il y a une femme chez vous, hein ?

— Ah oui, mais euh... bafouilla Georges en baissant le nez.

— J'attends la réponse.

— Excusez, mademoiselle, c'est pas de sa faute, elle a toujours été une bonne femme, le temps qu'elle a été là. Elle est... partie, mademoiselle...

— C'est vous que je n'excuse pas. Vous n'avez donc pas la plus élémentaire notion de bienséance ? Aucune jeune fille digne de ce nom ne pourrait sans danger dormir sous votre toit.

— Danger, danger... je suis pas un...

— Peu importe ce que vous êtes, une réputation se perd si vite de nos jours.

— Vous auriez qu'à dormir dans la grange.

— Il ne manquerait plus que cela! J'ai ma dignité, monsieur.

— Comme ça, vous voulez pas savoir pourquoi elle est partie, ma femme?

— Non. Ou peut-être une autre fois. Bonne nuit, et merci pour tout. Ne vous inquiétez pas, reprenez votre fils au passage, je me débrouillerai.

Elle les regarda tous les deux s'éloigner, et chaque fois qu'ils retournaient la tête vers elle pour voir si elle ne changeait pas d'idée, elle leur esquissait un petit signe rassurant de la main. Son beau courage la quitta dès qu'ils eurent disparu. Si encore elle n'avait pas fait installer sa malle sur le bureau, elle aurait pu écrire à sœur Sainte-Suzanne ou même à Françoise Desjarlais. Mais en son for intérieur, elle savait parfaitement bien que ses amies ne pouvaient rien pour elle. Le plus douloureux était de sentir insidieusement s'arracher ces liens qu'elle avait pu croire éternels. Un coup de griffe à même une profonde blessure. Elle sortit sur le perron, croisa les bras et se mit à fixer l'énorme boule du soleil rouge déclinant. Qu'elle soit absorbée, qu'elle fonde, qu'elle disparaisse... Le patriarche Isidore ne lui consentirait qu'un sourire sardonique en guise d'*in memoriam*.

Du coup, elle se reprit. Il ne gagnerait pas, elle s'en sortirait, elle était instruite, elle irait s'installer où bon lui semblerait. Prendre son mal en patience, réussir des miracles parmi ces primitifs et, le plus vite possible, prendre le large, s'émanciper de l'influence diffuse de sa famille. Voilà.

Avant l'obscurité totale, elle rentra s'allonger dans le réduit, sur un étroit lit de fer, identique à ceux de son couvent de Saint-Pascal. Elle y trouva un drap qui n'avait pas pris l'air depuis longtemps. Pas d'oreiller. Elle décida de garder sa robe et ses bas. Et raide comme une planche, elle s'intima l'ordre de s'endormir immédiatement. Quelque chose en elle toutefois refusait d'obéir. Elle se tourna, se retourna. Les yeux lui chauffaient d'avoir tant regardé le soleil. Elle avait soif, mais elle n'osait pas se lever. Elle était en sueur, il faisait chaud, elle se découvrit les bras, une jambe. Elle était à bord d'un train dont le sifflet strident ne voulait pas s'arrêter. C'était à devenir folle, les deux mains sur les oreilles, elle dodelinait misérablement de la tête.

Avait-elle dormi ? Elle ouvrit les yeux aux aurores, bouffie, moulue, tendue comme une corde de violon. Machinalement, elle se gratta le front, puis l'avant-bras, puis la nuque, et derrière l'oreille. Elle repoussa le drap, plongea la main sous ses bas pour atteindre directement la peau. Elle se gratta, gratta, gratta. Et elle finit par comprendre l'origine de son exaspération grandissante : elle se sentait frôler les yeux, la bouche, des bzz aigus lui vrillaient les oreilles, sauve qui peut, des maringouins !

D'un bond, elle fut sur pied, scrutant murs et plafond. Elle s'administra quelques bonnes claques pour écrabouiller les plus goulus, mais ils semblaient renaître aussitôt de leur propre bouillie sanguinolente. Autant leur abandonner la place. En se rajustant comme elle pouvait, elle traversa la salle pour se retrouver au plus vite dehors. Elle frissonna dans la fraîcheur du matin, leva les bras pour rectifier sa coiffure. Sous ses doigts, elle découvrit de petites bosses, des croûtes ici et là dans son cuir chevelu. Les sales bestioles lui avaient mis le crâne en sang! Et partout ailleurs sur son corps, la démangeaison infernale des piqûres de toute une nuit.

Marie-Laure était outrée, elle se savait couverte de rougeurs et de cloques, elle ne passerait tout de même pas la journée à se gratter comme une guenon devant ses élèves... Elle se pencha, promena sa main dans l'herbe: c'était frais, mouillé de rosée, apaisant. Les environs étaient déserts, elle s'en assura doublement. Mâchoires serrées, elle répandit d'un seul coup ses vêtements autour d'elle, se jeta par terre en lançant un petit cri de saisissement et se roula sur elle-même jusqu'à frissonner de froid.

Des pas sur le gravier de la route, vite ses souliers, elle se précipita à l'intérieur sans plus. Haletante, renversant au passage les bancs des écoliers, elle remit la chaise sur la tribune, grimpa dessus pour fourrager dans sa malle, endossa la première fripe venue. Il était temps, l'on frappait à la porte. Elle devait avoir une tête invraisemblable! Enfin tant pis. Elle inspira pour crier bien fort d'entrer, mais déjà la porte était entrebâillée, déjà un bras s'introduisait dans la place.

— C'est Perron, mademoiselle.

— N'entrez pas, je ne suis pas présentable! Ah, vous êtes fou, j'aurais pu vous tuer...

— Vous avez bien fait de vous retenir, dit Georges en entrant malgré son interdiction, j'ai encore des enfants en bas âge.

— Si j'avais eu un fusil, vous m'auriez prise au sérieux.

— Tenez, j'ai trouvé ça dehors dans l'herbe, il faudrait les faire sécher.

— Euh... je me suis changée !

— Comme de raison, vous vous êtes changée. Normal.

— Vous ricanez !

— Je me retiens.

— Dans mon école, si vos enfants tiennent de vous, ils vont attraper des coups de règle sur les doigts.

— Ça serait pas juste, si les maringouins vous ont mise un peu de mauvaise humeur, de vous revenger sur les petits... Vous refuserez pas de venir déjeuner à la maison, j'étais venu vous chercher. Pis vos piqûres, on va les faire passer : j'ai de la belle urine à la porcherie.

Marie-Laure n'allait pas répondre à ces gamineries : mieux valaient démangeaisons qu'odeurs de cochon. Son équipée avec le bonhomme Delarosbil jusqu'à Saint-Pascal lui en avait assez appris là-dessus. Elle accepta néanmoins de suivre Georges chez lui, la lumière du jour lui paraissant un gage d'innocence et un garant de vertu. Ils arrivèrent avant qu'elle soit parvenue à apprendre par cœur le nom de chaque enfant de la ribambelle.

Ils étaient pomponnés et endimanchés, ils étaient gentils, ils étaient polis, et ils vous décochaient des œillades canailles à vous faire fondre le cœur. Satisfait, leur père les passait en revue toutes les deux minutes et faisait remarquer à la jeune fille telle oreille, tel grain de beauté, telle nuance d'yeux, qu'il considérait comme autant de trésors. Elle ne pouvait que lui donner raison, ils étaient à croquer, tous. Le garçon qui avait porté sa malle la veille avait oublié sa grogne. Il lui avança une chaise, la servit à table, s'occupa des plus jeunes pendant que les adultes causaient.

Ils causèrent si longtemps que le reste de la tablée commençait à s'agiter. Georges finit par s'en apercevoir et voulut conclure cette première rencontre en beauté :

— L'heure de l'école approche, les enfants, allez vous préparer. Un instant, j'ai une question à vous poser. Qu'est-ce que vous diriez d'avoir une mère comme mademoiselle Marie-Laure, là ?

— Oui, oui, oui, hourra!!! hurlèrent-ils en parfaite synchronie, avant de disparaître de tous les côtés.

— Monsieur Georges, protesta Marie-Laure rouge comme une pivoine, vous n'êtes absolument pas raisonnable !

— Au Grand-Fonds, la concurrence est tellement forte que j'avais pas de chance à prendre.

— Mais pauvre vous, j'ai déjà un fiancé !

— À Cap-Chat ?! Ça s'est jamais parlé en tout cas...

— Non, à la ville.

— Ah ben torvisse... Moua qui vous trouvais tant de mon goût. Excusez-moé. Je vous dirai pus rien. Rien en toute. Malchance de malchance !

Marie-Laure ne regrettait pas son mensonge : sur le moment, elle n'avait trouvé aucune autre parade. Ce beau Gustave entrevu sur un quai de gare... Il serait sa planche de salut, qu'il écrive, qu'il le fasse, oh mon Dieu, oh ma bonne sœur Sainte-Suzanne, oh ma mère Philomène, qu'il écrive, qu'il écrive, qu'il écrive !

IX

Sur sa lancée, Gustave poursuivait depuis Mont-Joli des démarches afin de trouver à Québec un emploi conforme à ses aspirations de jeune diplômé enthousiaste de la vie moderne. Alma, sa sœur, redoutait surtout qu'elles réussissent; elle se rongeait les ongles en lisant par-dessus son épaule les lettres qu'il recopiait selon les canons de l'élégance calligraphique Palmer.

— Ça ne fait pas vieux jeu d'écrire à la main? Tu sais pourtant taper à la machine...

— Il faut aussi tenir compte des usages et de la politesse. Ce n'est pas beau ce que je fais?

— Non, très laid, ce que tu fais est affreux! explosa-t-elle avant d'aller se planter devant lui.

Gustave prit soin de poser sa plume dans le col de son encrier, puis redressa vivement la tête.

— Mais qu'est-ce qui te prends, pauvre toi ? Tu m'as toujours complimenté sur mon écriture.

— J'ai changé d'idée.

— Ah bon. Tu n'es pas obligée de me regarder, alors.

— Je vais te regarder autant que je voudrai !

— Tu es en train de me faire une crise.

— Comme si tu le méritais, tu ne penses qu'à t'en aller, encore une fois !

— Ça me touche beaucoup que tu sois triste à l'idée de mon départ.

— Triste ?! Je suis furieuse !

— Ça me touche quand même.

— Je m'en irai, moi aussi, et plus loin que toi !

— Tu as des projets ?

— Non, je n'en ai pas, non ! Tu es content ? Mais j'en aurai, je te le promets !

Et elle disparut en plissant la bouche pour mieux marquer sa détermination. La porte du boudoir avait claqué derrière elle. Gustave regarda un instant la poussière retomber et reprit sa tâche en soupirant.

Depuis qu'il était revenu chez ses parents, Alma avait entrepris de lui manifester des sentiments pour le moins contradictoires. Georgiana et Honoré l'avaient peut-être un peu trop accueilli en vainqueur, lui qui rentrait du collège de Lévis et d'un stage en usine. Elle qui était restée à Mont-Joli pendant toutes ces années avait pu s'imaginer que l'on ne l'appréciait pas à sa juste valeur. Drôle d'appréhension, car elle était la chérie de sa mère, qui traitait sa seule fille comme une princesse, lui prodiguant toutes sortes de petites attentions, lui ouvrant son cœur comme elle ne le faisait pas même avec Honoré. Mais Alma ne lui rendait pas la réciproque, on l'aurait dit méfiante, comme lorsqu'elle était enfant. Méfiante de quoi ?

Alertée par un sixième sens, Georgiana était descendue de l'étage malgré l'heure tardive. Elle avait fait une ronde distraite du côté des portes d'entrée et de la cuisine. Sur la pointe des pieds, elle avait fini par s'approcher de Gustave. De solides épaules où prendre appui. Elle se pencha, rapprocha un instant sa tête de celle de son fils.

— Alma...

— Ne t'en fais donc pas, maman, c'est une bonne fille.

— Parfois, j'ai l'impression qu'elle ne se possède plus...

— Elle nous aime tous beaucoup.

— Je voudrais te croire... Tu continues de faire des demandes d'emploi ?

— Je suis tenace, j'y arriverai bien.

— Tu te fatigues. Ah, tu n'aurais pas dû accepter de travailler à la quincaillerie, nous aurions pu te soutenir tout le temps nécessaire.

— Belle chère maman, j'ai grandi. Je dois me prendre en main.

— Ton père et moi, nous ne voulons pas que tu ailles au-delà de tes forces.

— Comment va-t-il ?

— Il traîne un peu la patte depuis qu'il est à la retraite. Les trains lui manquent.

— Ou c'est son exil à Kedgwick qui revient le hanter. Une vraie honte, ce qu'on lui a fait !...

— On lui a redonné le poste de Mont-Joli...

— Oui, tiens, à peine six mois avant de le mettre à sa retraite. Quel avancement !

— Tu n'as jamais accepté le tort qu'on a fait à ton père, n'est-ce pas ?

— Pas plus que je n'accepte que des médiocres comme mon camarade O'Rourke se voient courtisés par les employeurs anglais, alors que moi... C'est de la discrimination pure et simple !

— Ne te mets pas dans cet état. Allez viens, je te prépare une infusion, tu dormiras mieux.

Gustave assura sa mère qu'elle pouvait se mettre au lit, il la suivrait tout de suite. Le nez contre la fenêtre de la cuisine, il retrouva les quatre feux de balise qui surplombaient le fleuve et, comme toujours, il en fut étrangement rassuré. Il ramena son regard sur une masse sombre, trouée seulement de maigres lueurs rouges ou vertes. Landry, le nouveau chef de gare, avait peut-être raison. Faute de mieux, les chemins de fer...

Dans le noir de sa chambre, Gustave songea aussi que Québec était bien loin de Cap-Chat. Ah, mais pourquoi divaguer ainsi au sujet d'une demoiselle qu'il ne reverrait probablement jamais ? Elle ne lui avait pas écrit. C'était à lui de faire les premiers pas, certainement, il ne devait pas s'attendre à ce qu'elle ose... Elle aurait pu, elle semblait si décidée. Non, elle n'avait pas donné signe de vie, dommage. Est-ce qu'il valait la peine de tenter quelque chose ? Il ne s'endormit que fort tard.

S'il était fatigué le lendemain soir en rentrant du travail, il n'en montra pas moins une sorte d'énergie douloureuse. Sans préambule, il attira Honoré au salon en refermant derrière eux. Ils devaient se parler entre hommes.

— Je ne vais pas passer ma vie à attendre des réponses. Est-ce que tu me renierais si, du jour au lendemain, je décidais de m'appeler Brown ?

— Je te tordrais le cou.

Gustave rit et fit le point pour son père, hasarda des hypothèses qu'il s'était refusé à envisager jusqu'alors.

— Tu as fait plus que ton possible. Ils ont l'argent, les relations. Et ils ne nous font pas de cadeau.

— Monsieur Landry m'a parlé...

— Tu ne vas pas te fourvoyer comme moi!? J'en suis revenu des chemins de fer!

— C'est ta faute, tu m'as transmis ta passion. En tout cas, c'est plus exaltant que de vendre du clou au poids, non?

Honoré se laissa fléchir, puisque ce n'était qu'en attendant. Il aida Gustave à monter son dossier. La réponse ne tarda pas: les fils d'employés avaient la préférence. On lui offrait bien un poste, sans toutefois reconnaître l'excellence de sa formation.

— Bagagiste! rageait Honoré. Je regrette, ah si j'avais eu le courage de t'interdire pareille folie! Ils te traitent comme un moins que rien!

— Ne t'en fais pas, papa, je gagnerai mes galons.

En novembre, dès son premier jour de service, Gustave, s'estimant plus présentable qu'auparavant, envoya une carte postale au Grand-Fonds. « En souvenir amical d'une belle rencontre. »

Ainsi donc, pensa Marie-Laure dont le cœur battait à tout rompre, il n'a pas pris le train, il est resté à Mont-Joli. Je me demande pourquoi. Pour qui? En classe, elle profita de la prochaine leçon de géographie pour exhiber fièrement sa carte. Elle comptait bien que Georges Perron en serait bientôt informé. Il ne fallait tout de même pas qu'elle ait l'air d'avoir menti.

Elle joua à se demander si elle allait répondre. Une simple carte postale d'à peine six mots, ce n'était pas un peu désinvolte ? Et puis cette photo, une rue boueuse, des trottoirs de bois, des maisons banales... Ce monsieur Brazeau ne laissait guère transparaître son enthousiasme, s'il en éprouvait. Elle réfléchirait un jour ou deux. Oui, ce qui ne l'empêcha nullement de commencer à rédiger dans sa tête.

C'était de mise, il fallait remercier, sans chaleur excessive. Sans froideur apparente non plus. Elle ne voyait vraiment pas quels commentaires elle pourrait s'arracher au sujet de la photo. À moins qu'elle lui demande s'il n'habitait pas près de là ? Le délicat, c'était de trouver les mots... « Souvenir », avait-il écrit. Ah, il considère que c'est du passé, fini, terminé. Il ne s'est acquitté que d'un devoir de politesse envers moi, une jeune inconnue parmi tant d'autres. Car, notre rencontre, il ne la qualifie que de « belle ». Rien d'extraordinaire, quoi. Pourtant, pourtant, il parle d'amitié...

« Il me semble, Monsieur, que vous vous avancez énormément quand vous me parlez d'amitié. A-t-on le droit d'évoquer un sentiment si noble, si profond, s'agissant d'une rencontre fortuite, furtive, entre deux êtres qui ne faisaient que se croiser ? Je compte que vous me fournissiez là-dessus quelque explication, si bien entendu vous en trouvez le temps. »

Marie-Laure laissa dormir sa lettre quelques nuits sous son oreiller. Puis elle se décida à sceller l'enveloppe, qu'elle glissa dans un gros dictionnaire afin de défroisser le papier. Au village de Cap-Chat, qu'est-ce que le maître de poste allait penser d'elle ? Si jamais son père Isidore était informé qu'elle correspondait avec un homme, elle mourrait de honte. Le risque lui paraissait énorme, mais le moyen de faire autrement ?

Pour s'épargner une déception trop grande, Gustave avait feint de considérer sa carte comme une simple bouteille à la mer. Advienne que pourra... S'imposant un détachement qu'il n'éprouvait pas, il s'occupa. Maintenant qu'un peu du prestige du Grand Tronc rejaillissait sur lui, on le tannait de plus belle pour qu'il devienne membre de la fanfare. Un soir où il n'y avait pas de répétition, il accompagna Bérubé, le major, dans le cagibi municipal réservé aux instruments.

— Tu sais, je chante à peu près juste et c'est tout.

— Parfait, ça veut dire que tu as du souffle, on va te mettre dans la section des vents. Trompette ? trombone ?

— Ouais, il n'y aurait pas quelque chose de plus petit, de moins brillant ? Je ne tiens pas à attirer l'attention sur mes fausses notes ! Et le tuyau noir, là, c'est...

— Une clarinette. C'est plus délicat, plus difficile au début, un instrument à anche.

— Halte, Bérubé, j'ai choisi, je me spécialiserai dans les hanches !

— Justement, la clarinette est envoûtante, elle plaît aux filles. Sais-tu lire la musique ?

— À Lévis, le solfège était obligatoire.

— Alors, c'est oui, tu te joins à nous ?

— À l'essai, et ne m'en demandez pas plus.

Vaine précaution. Dès le dimanche après-midi, après deux heures épiques de baisers tordus à l'embout de sa clarinette, les muscles de sa bouche au bord de la crampe, Gustave apprit combien les finances de la fanfare étaient précaires. Il demanda en toute innocence à voir les livres. Bérubé eut un sourire en coin. On lui répondit timidement que, la caisse étant vide, on n'avait pas cru bon de continuer à tenir des comptes déprimants. Il protesta hautement au nom des principes administratifs. Bérubé s'approcha pour abonder dans son sens. Gustave s'offrit à donner un coup de main au secrétaire. Bérubé se frottait les mains.

Lorsque la lettre de Marie-Laure lui arriva à la gare, le mercredi suivant, Gustave fut passablement confus de sa propre surprise. À la pause du midi, il s'était installé sur le grand chariot, les pieds ballants, et s'était appliqué à revoir sa technique de clarinette. Il avait tâché de ne pas entendre les sifflements et feulements qu'il produisait bien malgré lui. Et les yeux clos, il s'extasiait d'avoir enfin pu éructer un *si* à peu près pur, qu'il ne voulait pas lâcher avant d'être à bout de souffle. Monsieur Landry choisit ce moment de grâce pour se pointer.

— Pourquoi est-ce que tu fais envoyer ton courrier ici, Brazeau ?

Gustave, interrompu, postillonna à faire reculer l'autre.

— ...

— Tu fais des cachotteries à tes parents ?

— Que... quelque chose pour moi !?

— Ce doit être une erreur, on va la retourner, te fais pas de bile.

— Comment ? Mais... c'est à moi, attendez, où est-elle ?

— Elle... Elle ? Au Grand-Fonds, s'amusa Landry en retournant l'enveloppe dans ses mains, ou peut-être à Cap-Chat. Du moins, c'est ce que les cachets disent.

— Je... vous ne croyez pas que c'est personnel, une lettre ?

— En tout cas, toi tu as l'air de trouver ça très personnel. Elle est jolie ?

— Donnez-moi ma lettre !

Le chef de gare se laissa attendrir par ce cri du cœur et cessa de taquiner Gustave. Celui-ci chercha refuge au fond de son entrepôt, sous une fenêtre haute. Il riait, tapait du poing contre le mur, retournait à son tour la lettre dans tous les sens. Une belle écriture pointue, avec des courbes. C'était sa main à elle qui avait tout tracé : « Monsieur »... « Préposé au fret »... « Ville de Mont-Joli »... Il était déjà en admiration, la simple lecture de l'adresse le transportait dans le miraculeux. Il ne tenait plus en place. Avant de l'avoir ouvert, il fut obligé de déposer le précieux message sur un minot de farine et de se précipiter dehors, sa vessie le trahissait. Massés derrière la baie vitrée de la gare, ses camarades employés, eux, se dilataient la rate à le voir tant se presser.

X

Georgiana avait déniché l'expression juste: son fils Gustave « ne portait plus à terre ». Et à l'école du Grand-Fonds, les élèves trouvaient la maîtresse passablement distraite, sans qu'ils puissent en profiter toutefois, car lorsque tout à coup elle s'en rendait compte, elle reprenait les rênes d'une main si ferme qu'elle décourageait quiconque de jamais se dissiper. Les petits Perron faisaient chaque jour rapport à leur père, mais les sentiments dont il percevait ainsi l'éclosion lui causaient tant de chagrin qu'il les pria rudement de changer de rengaine.

— Mademoiselle Marie-Laure ne deviendra pas notre maman? s'aventura une bambine de sept ans en tortillant ses nattes.

Elle fut chassée dehors avec tous ses frères et sœurs. Au fil des jours, ces enfants regarderaient leur institutrice avec moins de tendresse et davantage de déférence: leur accès à elle ne dépasserait pas un certain seuil dont ils sentaient la présence. Cette superbe et savante jeune fille évoluait à présent, pour eux, dans des sphères auxquelles ils n'atteindraient pas. Insensiblement, Marie-Laure se mit à les traiter un peu plus mal que «exactement comme tout le monde».

Sa lettre, Gustave l'avait retenue par cœur à la première lecture, et s'il la dépliait fréquemment dès qu'il se retrouvait seul, c'était pour mieux se pénétrer de sa réalité. Cette phase méditative n'avait pas atteint son terme lorsqu'un des commis aux écritures fut terrassé par une fièvre de cheval. Épris d'efficacité, Honoré Brazeau, en son temps, avait instauré la coutume du remplacement des employés malades par leurs collègues. Cela évitait aussi aux familles éprouvées par la maladie de sombrer dans la misère, faute de ressources, car aucune forme d'assurance-maladie ne les protégeait. Dernier arrivé et célibataire, Gustave fut conscrit. Il héritait indéfiniment d'une double tâche. Levé à cinq heures du matin, il arrivait à la gare à six heures, pour le train de six heures vingt, terminait son propre quart à quatre heures de l'après-midi, pour enchaîner aussitôt sur celui de quatre heures à minuit. Il se vit coincé et regretta amèrement d'avoir tant savouré sa lettre sans même accuser réception. De jour en jour, la fatigue le minait, et son premier dimanche fut gaspillé à dormir une quinzaine d'heures compensatoires.

Complètement assommé, il se contraignit tout juste à griffonner un mot d'excuses avant de retomber sur son matelas comme un sac. Cette fois, des suées abondantes perturbèrent son sommeil. Une image le hantait, celle d'une jeune fille qui s'éloignait rapidement de lui en lui tournant le dos... Un sursaut le projeta contre le front d'Alma, qui lui servait de réveille-matin.

— Ouille, t'es poisseux comme si tu sortais d'une partie de base-ball !

— Hein ? Quoi ? Il est quelle heure ?

— Bah, tu t'énerves pour rien, cinq heures dix, t'as le temps...

— Sors de ma chambre que je me lève, je suis en retard !

— T'as écrit à quelqu'un ?

— Non. C'est-à-dire : oui.

— De nos connaissances ?

— Non.

— C'est-à-dire, oui ?

— Assez, décampe, il faut que je m'en aille !

— Si tu me la laisses poster, je lui mettrai un beau timbre de fantaisie.

— Je m'occupe moi-même de mon courrier personnel. File !

— Un fonds grand, c'est le même fonds que le fond des bois ?

— Plus peste que toi, je connais pas ! Disparais une fois pour toutes !

En palpant l'enveloppe minuscule, Marie-Laure pensa qu'elle était vide, tant elle était mince. Est-ce qu'il aurait oublié de glisser la lettre à l'intérieur ? Alors, ce serait un distrait, un rêveur... Un jeune homme d'avenir pouvait-il se permettre ?... Ou encore il aura ménagé le papier : elle était tombée sur un pingre ! Elle se voyait quêtant en bigoudis chaque semaine les quelques sous de la pitance familiale... Et légère, elle s'arracha à ces pronostics délicieusement tristes pour aller dévorer dans son alcôve les paroles de ce Gustave retardataire auquel elle pensait tant.

Elle entreprit de répondre aussitôt, atténuant l'expression de son impatience et de sa déception. « En attendant de vous une vraie lettre, il m'arrivera peut-être d'imaginer que nous pourrions dépasser le stade d'un simple échange de cartes postales ou de billets. » Elle chercha à adoucir la médecine un peu amère qu'elle lui servait en insérant aussi la feuille morte la plus rouge qu'elle put faire trouver à ses élèves. Ils crurent comprendre que le dédain de Mademoiselle pour les choses de la forêt n'était pas aussi profond qu'ils l'avaient craint. La petite Perron aux nattes s'enhardit à lui prendre la main pendant une récréation; elle réussit même à l'entraîner comme par jeu dans l'épaisseur d'un taillis. Ne la quittant pas des yeux, elle parvint à la faire asseoir sur un tronc d'arbre moussu. Elle esquissa une révérence et dit en s'étranglant:

— Marie-Laure, je te trouve belle, je te trouve fine, je t'aime!

Elle aurait serré la fillette dans ses bras si elle s'était abandonnée à son premier mouvement. Elle lui reprit seulement la main, sans pouvoir répondre quoi que ce soit. Lorsque les autres furent en vue, elle lui dit d'aller devant:

— Et n'oublie pas qu'une bonne élève doit vouvoyer son institutrice.

Elle n'avait pu s'empêcher. Elle se trouva odieuse. Si jamais un homme lui parlait d'amour, quelle réaction aurait-elle? C'était tout simple: un jour, il faudrait dire je t'aime, comme la petite Perron. Le verbe par excellence de la première conjugaison... Première personne du futur: je t'aimerai.

Il m'aimera. Ah Seigneur, maintenant elle se trouvait bête.

Malgré le comportement un peu rigide de leur maîtresse d'école, les enfants avaient dû sentir quelque chose se dénouer en elle, puisqu'ils se mirent l'un puis l'autre à lui apporter des pommes. Celles des Perron étaient toujours les plus grosses, les plus luisantes. Au rythme où ces cadeaux se multipliaient, l'école fut envahie de parfums acides, sucrés, capiteux. Voyant que ni elle ni ses élèves ne parviendraient à tout manger, Marie-Laure convia tout son petit monde, avec leurs parents, à venir faire des tartes avec elle un samedi. Pour célébrer la fin de l'automne, avait-elle expliqué. Les uns apportèrent le suif, d'autres le sucre, d'autres la farine. Et des moules en quantité. La petite Perron avait dissimulé de la cannelle dans sa manche afin de l'offrir en secret à Mademoiselle. On pela des pommes à s'en rendre les mains rugueuses. Un loustic se mit à faire rougir les dames en leur racontant à l'oreille des histoires de fruits défendus. Marie-Laure voltigeait entre les groupes, prêtant la main à tout. Son bureau servit de plan de travail pour la pâte. On venait lui présenter chaque tarte recouverte de son abaisse: elle inventait une décoration originale à chacune, piquant, modelant, marquant d'une fourchette ou d'un couteau. Les épluchures et les cœurs de pommes avaient été jetés en tas derrière le bâtiment.

Tout fut prêt, et l'on se sépara pour procéder à la cuisson chacun chez soi. Marie-Laure, n'ayant pas de four à sa disposition, monta dans la voiture des Arsenault. Elle dut essuyer un regard noir de la petite Perron. Ses deux tartes dans un panier, elle rentra à la brunante, épuisée, mais heureuse.

Elle dévora une énorme part encore tiède et se mit à lire à la lueur de sa lampe en se léchant les doigts. C'est alors qu'un drôle de bruit, un souffle lui fit lever la tête. Elle courut à la fenêtre: une ombre s'agitait dehors. Elle perçut de petits gémissements et crut défaillir. Mais elle ne s'enfuit pas. Elle finit par distinguer une masse velue qui s'empiffrait dans le tas de détritus. Trois fois elle se signa. Elle ouvrit la fenêtre tout doucement, prit la lampe sur son bureau et s'en fut la lancer en direction de l'ours, qui ne consentit à quitter les lieux que lorsque l'herbe sèche prit feu autour de la lampe cassée. Malgré la frousse qui la glaçait, Marie-Laure osa se lancer dehors pour éteindre le début d'incendie qu'elle avait causé. Elle piétina comme une diablesse, versa de l'eau pour plus de précaution et réintégra son logis si énervée, si fière d'elle-même qu'elle renonça à dormir. À la lueur d'une maigre bougie, elle se mit à raconter ses aventures à Gustave. En long et en large.

On lui répondit :

« Chère Amie gaspésienne, j'ai passé moi aussi une nuit blanche à vous voir aux prises avec cette épouvantable bête qui aurait pu vous dévorer tout cru. Oh, comme vous avez été courageuse ! Comme j'aurais voulu être auprès de vous afin de vous prêter main-forte ! Pour la première fois de ma vie, j'aurais souhaité tenir un fusil chargé entre mes mains. J'espère que vous serez très prudente, au cas où cet ours chercherait à se venger. Les malfaiteurs ont tendance à revenir sur les lieux de leurs crimes. »

Devant la spontanéité et la rapidité de cette réaction, Marie-Laure ne pensa plus à son ours qu'avec des sentiments affectueux. On a quelque droit à se nourrir quand on trimballe une carcasse pareille... Et Dieu sait, il avait sans doute une famille... C'est ainsi que les élèves du Grand-Fonds passèrent brutalement des feuilles mortes à l'anatomie animale. Il s'avéra d'ailleurs que, là-dessus, ils en savaient au moins autant que leur institutrice, qui était aux prises avec des problèmes autrement plus importants. Repensant aux propos de Gustave, elle se demandait s'il avait jamais tiré un seul coup de feu dans sa vie. Elle-même avait toujours refusé d'appuyer sur la détente en prétextant une ouïe trop sensible. Au grand déplaisir d'Isidore, d'ailleurs.

Gustave admit tout bonnement que les armes ne le passionnaient pas. Il évoqua les horreurs de la guerre 14-18 et la crise de la conscription, décrétée envers et contre toutes les promesses électorales par les inconditionnels orangistes et impérialistes de la perfide Albion. Pour les Canadiens français, le devoir patriotique consistait à résister par tous les moyens. On avait faussé les extraits de baptême, on avait joué au plus fin avec la police militaire, on avait fui dans les bois, certains avaient passé la frontière pour disparaître en Nouvelle-Angleterre, retrouvant discrètement des compatriotes installés près des usines textiles. Lui n'avait échappé à tout cela qu'à cause de sa jeunesse.

Elle le jugea ardent nationaliste, ce qu'elle approuva. S'il avait de l'inclination pour la politique, elle approuvait moins. Elle trouvait qu'il avait esquivé trop habilement, au sujet de son aptitude à défendre un foyer. Aurait-il tendance à trop se répéter? Il la traitait d'amie gaspésienne une seconde fois. Gaspésienne, pouah! Sur ce dernier point, elle décida de lui accorder un sursis, mais en matière d'héroïsme, elle se montra intransigeante.

Il tenta une diversion dans l'humour noir: il envisageait, disait-il, de commencer une carrière dans la police. Il se romprait ainsi au maniement des armes à feu et pourrait avec compétence abattre tout ce qui bougerait autour de lui. Heureusement pour lui, il avait d'abord pris soin de la plonger dans la rêverie avec un «Ma petite Amie» du meilleur effet.

Marie-Laure était si attendrie qu'elle répliqua plutôt sèchement. «Je ne crois pas, Monsieur le Pressant, vous avoir autorisé à me considérer comme votre petite amie. Car l'expression dénoterait un niveau de familiarité que nous n'avons pas encore atteint. Parlez-moi donc un peu plus de vous, la preuve étant faite que vous savez traiter de généralités mieux que personne.»

Précisément parce qu'elle n'en disait plus rien, Gustave s'inquiéta de ce qu'elle pouvait penser de ses talents de tireur. Autant qu'il le pouvait sans risquer de lasser, il tournait le compliment en évoquant des projets d'avenir dont on lui avait demandé l'exposé sommaire. Fidèle à lui-même, il décrivit en plusieurs lettres les forces et les faiblesses économiques de leur peuple, avec les conséquences sur l'emploi et sur les chances d'avancement. «Faut-il en conclure que vous n'entretenez aucun espoir pour vous-même?» écrivit-elle au bord du désespoir. Il dut se résoudre à parler du Grand Tronc, ce qu'il fit en racontant le destin injuste d'Honoré Brazeau, son père.

Était-elle tombée sur une famille de révoltés, d'agitateurs, de réprouvés? On avait tort, aussi, de trop parler politique... Et qu'avait-il à tant vénérer son père ? Lui, allait-il enfin parler de lui ? ! Certes, il avait voulu indiquer des perspectives, sans jeter de poudre aux yeux. Bien. Mais que désirait-il vraiment, lui ? Elle lui posa la question de but en blanc.

Il lui décrivit ses études, son changement d'orientation, son stage dans l'industrie et ses démarches pour décrocher un poste. Ce n'était pas le grand optimisme. Il se jurait, il lui jurait qu'un jour, il travaillerait dans une grande ville. Poussé dans ses derniers retranchements, il avait terminé en s'enquérant de ses plans à elle dans l'enseignement. Il n'était pas mauvais de commencer dans une petite école rurale, mais il n'était pas interdit d'aspirer à mieux. Ce n'était pas son avis ?

En attendant qu'elle lui réponde, il lui glissait aussi, en manière de post-scriptum, un récit d'enfance rédigé au collège, qui la renseignerait davantage sur son père et sur lui.

Elle voulait qu'il se montre plus direct, eh bien, elle en aurait pour son argent !

XI

BAINS DE MER
par Gustave Brazeau

M*a petite sœur Alma avait consenti à naître après une résistance farouche qui avait martyrisé Georgiana, ma mère, angoissé Honoré, mon père, et épuisé le docteur Gagné aussi bien que madame Ménard, la sage-femme, lesquels s'étaient regardés de travers pendant des heures en attendant que la nature penche enfin d'un côté ou de l'autre. Moi, j'avais été évacué prestement chez une cousine, mais de ma vie je n'oublierai les hurlements de ma mère, ni l'agitation fébrile des adultes qui ressemblaient à des poules affolées. Les relents d'éther et de chloroforme m'avaient donné mal au cœur. Est-ce que j'avais, moi aussi, lorsque j'étais venu au monde, causé cette souffrance intolérable ?*

Chez la cousine, je me mis sans rien dire à la fenêtre sur une chaise et me perdis dans une attente misérable, dont rien ni personne ne parvenait à me tirer, pas même le petit chat si canaille, pas même les biscuits à la mélasse tout chauds que la cousine avait préparés expressément pour moi.

Il me fallut du temps pour considérer ma jeune sœur autrement que comme un monstre. Je refusais de la regarder, de lui parler, de lui sourire, je refusais même d'admettre son existence en utilisant son nom. D'autorité, on me fit approcher du berceau, mais je fermais obstinément les yeux; on m'appliquait la main sur un petit bras satiné, mais je serrais convulsivement le poing. À bout de ressources, on m'aurait déclaré méchant si Honoré ne m'avait offert, en désespoir de cause, de l'assister aux fonts baptismaux. Hissé sur un haut tabouret, je me tirai, paraît-il, d'affaire avec le sérieux d'un pape et tins bon l'une des jambes d'Alma jusqu'à ce que l'eau et le sel aient rempli leur office. Je dis seulement, lorsqu'on me remit sur la terre ferme, repassant les explications qu'on m'avait données sur la cérémonie:

— Alma, perdu son grippette!

Jamais, hélas, je ne parviendrais à me défaire totalement de cette méfiance radicale envers la pauvre petite. Et ce d'autant moins que Georgiana, d'habitude si vive et si gaie, se morfondait dans une interminable convalescence, exsangue, apathique, anorexique. Honoré était devenu plus sombre aussi, atteint qu'il était par les relevailles difficiles de maman, qu'il cherchait malgré tout à égayer autant qu'il le pouvait. Je me sentais doublement délaissé. Je me défendis en faisant à la fenêtre des stations prolongées, interrompues seulement lorsqu'on me mettait à la porte pour me faire prendre l'air. De temps à autre, je saisissais un vieux journal, un livre, me remettant à la fenêtre et faisant semblant d'être absorbé par la lecture: moi aussi j'avais à faire! Un jour, je me dessinai, au charbon de bois, une imposante paire de lunettes autour des yeux. Lorsque ma mère m'aperçut, elle éclata de rire, pour la première fois depuis des mois. Honoré revenu de la gare, elle se leva pour le mettre au courant, et avec une joie si communicative qu'elle redonna instantanément vie à toute la maison. Ému, Honoré me prit dans ses bras, me dit que j'avais les plus belles lunettes du monde et me jucha sur ses épaules. Sensible au changement d'atmosphère, Alma se mit à babiller sans suite aucune, mais avec une touchante conviction.

— Elle fait semblant de parler! fis-je avec un certain dédain.

— J'en connais qui font semblant de lire, dit mon père en riant.

Le docteur avait suggéré, en vue de la guérison définitive de Georgiana, un peu moins de travail et un peu plus de distractions familiales. Honoré trouva que les distractions traditionnelles des Brazeau, les cartes et les dames, n'avaient rien d'aguichant pour qui revenait de si loin.

Un jour qu'Honoré classait des connaissements à la gare, il lui revint en mémoire que des familles entières d'Anglais quittaient l'été leur domicile habituel pour s'installer en bordure de la plage de Métis-sur-Mer, où ils prenaient de longues vacances au frais. Dire que les Brazeau étaient à portée de tout cela et qu'ils n'en avaient jamais profité! Il suffisait d'atteler et de conduire la voiture jusque-là, une heure, une heure et demie au petit trot, rien d'impossible ! Honoré s'empressa de soumettre son idée au docteur Gagné, qui y souscrivit avec enthousiasme, recommandant tout au plus quelques précautions concernant le soleil, avec des bains de mer autant qu'on voudrait. Les maillots furent commandés et discrètement essayés, longtemps à l'avance.

Nous attendîmes la fin juillet et une eau plus chaude avec impatience, et au premier dimanche de beau temps, nous partîmes avec le soleil faire nos premières armes de baigneurs modernes. J'avais vu confier Alma à une gardienne sans déplaisir. Le trajet se fit dans l'allégresse, les chansons succédaient aux chansons que j'essayais de suivre en inventant au fur et à mesure des paroles sans queue ni tête. Nous cueillîmes, au bord du chemin, une pinte comble de framboises rouge foncé. J'avais protesté contre les épines, mais j'avais saisi par poignées de quoi me barbouiller le visage pour la journée entière.

Honoré parqua cheval et voiture à l'ombre d'un peuplier, et nous franchîmes tous les trois la dune, à la découverte de cet univers marin que nous apercevions tous les jours depuis les hauteurs de Mont-Joli, mais que nous n'avions jamais l'occasion de fréquenter de près. L'air salin nous remplit les poumons. Émerveillé par l'écume des vagues, je me lançai à la course comme si j'avais voulu piquer tête première dedans. Mon père me rattrapa et courut avec moi jusqu'au bord, m'apprit à retirer mes chaussures avant la ligne de marée, à retrousser mon pantalon, me faisant tâter de la main, goûter, barboter déjà jusqu'au coude. Georgiana nous avait suivis de près, et d'enthousiasme elle se trempa les deux pieds jusqu'à la cheville, en se retirant tout aussitôt pour protester ravie :

— Ça coupe, je ne sens plus rien tant c'est glacé !

En riant, nous remontâmes ensemble vers la dune, reprenant nos chaussures au passage. Ayant examiné les environs avec prudence, nous nous mîmes en tenue. À part un grand chien roux en maraude vers l'autre extrémité de la plage, rien d'alarmant.

Mal à l'aise dans son maillot rayé, sans manches, et jambes à mi-cuisses, Honoré annonça qu'il allait un peu se promener. Je me dressai d'un seul coup, décidé à le suivre, et follement, je n'aurais que trop l'occasion de m'en rendre compte par la suite, je montrai au loin le chien roux d'un doigt décidé et entraînai mon père, qui se mit à émettre de petits sifflements d'appel, mais avec si peu de succès que l'animal disparut prestement derrière une rangée d'arbres. J'éclatai en sanglots frustrés, mais je me consolai presque à la perspective de chercher des bourgots.

Vers dix heures, alors que tous les trois nous avions trouvé le courage de nous mouiller les mollets, mon père dressa l'oreille, car des grincements d'essieux, des bruits de sabots, des rumeurs de voix annonçaient l'arrivée prochaine en bordure de mer d'autres baigneurs du dimanche. Nous suggérant à ma mère et à moi de manger une tartine, il partit jeter un œil sur son équipage.

Quelques hommes en casquette à carreaux et en culotte de golf s'étaient approchés de la voiture et en commentaient le fini avec une surenchère de quolibets désobligeants. Stimulés par l'exemple, des gamins en culotte courte tournaient autour du cheval en le taxant de vulgaire rosse sans pedigree. Honoré avait beau savoir qu'il ne roulait pas carrosse d'évêque, il n'en fut pas moins mortifié. Son apparition avait d'ailleurs provoqué la dispersion des curieux qui, affectant de ne l'avoir pas vu, s'en allèrent donner le bras à leurs femmes ou faire rebondir des galets sur les vagues. Avec une résignation agacée, Honoré vit venir, depuis la petite « mitaine » protestante perchée sur une butte en retrait du hameau d'estivants, d'autres voitures qui arrivaient de l'office. Il revint vers nous, qui contemplions les yeux ronds ces nouveaux venus dont l'envahissement se faisait sans cesse plus grouillant, plus bruyant. Les exclamations, les cris, les hurlements s'entrecroisaient de tous côtés, tandis que le chien roux naguère disparu s'était précipité comme une flèche, la queue exubérante, sur une fillette aussi rousse que lui, qu'il avait renversée et dont il léchait les oreilles avec une délectation amoureuse. Naturellement, j'avais couru vers la scène, pensant moi aussi faire au chien quelques mamours préliminaires. Mais lorsqu'elle me vit approcher, la fillette se redressa, prit jalousement son chien par le cou et, la lippe retroussée, lança :

— How come I don't know you ? Hey, don't you dare look at my dog !

— ...

— You don't seem to understand, stop that stupid stare !

— ...

— If you don't go away, I'll call my father, d'you hear ?

Désolé d'abandonner « mon » chien, mais sentant l'hostilité épaissir, je m'éloignai à contrecœur pour me réfugier entre mes parents qui, nerveux, avaient été près d'intervenir.

— Tu as entendu ce qu'elle lui a dit ? demanda Georgiana avec inquiétude.

Honoré se mordit les lèvres sans répondre : il avait appris l'anglais à l'école de commerce. Il était obligé de travailler en anglais tout au long de ses journées. À quoi bon gâcher cette belle excursion par la traduction des propos d'une enfant gâtée ? Il se contenta de prendre la main de ma mère et de la tapoter en guise d'apaisement. Et il proposa d'aller faire une trempette intégrale avant de dévaliser le panier à pique-nique. Lorsque nous fûmes tous trois à pied d'œuvre, il se fit soudainement sur toute l'étendue de la plage un silence de mort. Chacun s'était interrompu pour nous observer comme des bêtes curieuses. Honoré lâcha la main de Georgiana et la mienne pour se tremper d'un seul coup. Des sifflets, des applaudissements, des cris d'encouragement ironiques fusèrent de toutes parts. Ma mère, intimidée, tourna brusquement la tête en direction du tohu-bohu : grand silence de nouveau. Me faisant signe de l'attendre, elle rejoignit bravement Honoré dans l'eau, et la plage reprit son activité normale. Puis, elle me tendit les bras, en se rapprochant du bord. Bleus de froid, nous sortîmes assez vite nous sécher. Mis en appétit par le bain et peu soucieux d'être à nouveau le point de mire général, nous nous assîmes discrètement sur notre couverture et commençâmes à étaler dessus une petite nappe de lin. Alors, des commentaires se mirent à monter d'un peu partout, de plus en plus drus.

— Have you seen their horse ? Some donkey !...

— And their carriage, it sure would please a mortician !

— Hear hear, looks like they never wore a bathing suit before !

— And they're damn afraid of water, aren't they ?

— *Tell me, how come they arrived just here, out of a clear blue sky?*
— *I think they're strayed...*
— *Isn't this a private beach, so to say?*
— *I dare say a private beach it should be!*
— *Otherwise, some people could get drowned...*
— *Or bitten...*
— *Or made fun of.*

La tranche de pain n'était plus dans la paume d'Honoré qu'une boule minuscule et dure. Georgiana le regardait, en quête d'une décision à prendre en commun. Moi, j'avalais, inquiet, un œuf dur sans mastiquer. Dignement, Honoré pointa à ma mère la nappe et le panier. Lui se chargea de la couverture dont il fit un baluchon pour les vêtements et les serviettes. Nous reprîmes la voiture sous les sourires faussement aimables d'une compagnie qui revenait pourtant de faire ses dévotions. En retraversant la voie ferrée, Honoré se retourna vers Georgiana:

— *Ils font comme si la plage, comme si la mer leur appartenaient. Est-ce qu'on va les laisser faire?*

Georgiana baissa la tête et serra les mâchoires.

* * *

Tandis que jour après jour, inlassablement, j'instruisais ma petite sœur Alma sur les joies de la baignade, et les pique-niques et les bourgots et les chiens roux, mon père racontait paisiblement à tout un chacun notre aventure sur la plage de Métis, insistant sur la splendeur grandiose du fleuve contemplé de près, tout en ne cachant pas que des trouble-fête avaient fait de leur mieux pour gâcher un plaisir qui aurait dû être accessible à tout le monde. Il en parlait à la gare, il en parlait à l'épicerie, il en aurait parlé en chaire si le curé lui en avait donné la chance. Il insistait sur les bienfaits de l'air salin, citait sentencieusement l'opinion du docteur Gagné et concluait qu'il y avait des limites à l'envahissement.

Le maire de Mont-Joli, Gabriel Saucier, dit Gaby, en vint à s'émouvoir, car on parlait de plus en plus des Anglais de Métis, qui jouissaient de loisirs un peu trop exclusifs. Il craignait qu'on ne blâme son administration pour son manque d'initiative quant aux plages; il n'en craignait pas moins que les estivants soient mis au fait du mécontentement devenu assez général. Ils donnaient du travail à quelques jardiniers et bonnes; ils employaient à l'occasion des artisans ou des ouvriers. Et ils avaient certainement des relations redoutables parmi les financiers ou les parlementaires... Il temporisa comme il put, jurant que «la question était à l'étude» lorsque pressé trop rudement par la population et prenant la poudre d'escampette à la moindre silhouette d'Anglais qui avait le mauvais goût de se découper à l'horizon.

Ma mère n'était pas en reste: elle avait déjà allumé la fureur des voisines en leur racontant les indignités qu'elle et notre famille avaient dû souffrir à la plage. Elle les avait également beaucoup fait rire en leur expliquant, gestes à l'appui, l'art de tout bien faire tenir en place dans un maillot de bain moderne. Au récit des ablutions, puis de l'immersion ultra-rapide dans l'eau glacée du fleuve, l'imposante madame Bergeron avait même dû, en vitesse, se tenant le ventre à deux mains, étouffant de douloureux gloussements, se réfugier au petit endroit d'où elle avait émis d'étranges *soupirs d'aise, entrecoupés d'éclats de fou rire dissonants.*

De bouche à oreille, cette histoire de baignade fut bientôt connue de tous et, malgré les prudences de Gaby Saucier, le maire, l'opinion se rangea résolument du côté des Brazeau. Cela fit tache d'huile, d'un village, d'une campagne à l'autre. La région outragée faisait cause commune. Des exaltés voulaient à toute force qu'Honoré se présente comme échevin ou à tout le moins comme marguillier. Le docteur Gagné avait involontairement accru d'un seul coup sa clientèle, et l'on demandait fréquemment à madame Ménard la sage-femme son témoignage éclairé sur l'affaire.

Les Anglais de Métis n'étaient pas repartis depuis trois semaines, toutefois, qu'Honoré reçut, dans le courrier de la gare du Grand Tronc, une étrange missive écrite à la machine, dans la langue de travail qu'on lui imposait :

Brazeau, you will stop your stinking bickering about public beaches, or you will be sorry. Signed: One who is losing patience.

De qui pouvait bien venir pareille menace, et aussi ordurière ? Il n'y avait guère d'indices, le pli avait été glissé dans le courrier en provenance de Montréal et ne comportait pas de marques ou de cachet distinctif, encore moins d'adresse de retour. Seule l'enveloppe, de fort papier beige, pouvait permettre quelques suppositions, mais si vagues... Il se dit que c'était quelqu'un du milieu des affaires ou du commerce. Il était bien avancé !

Avec répugnance, il glissa le torchon dans la poche intérieure de sa veste. Il réfléchirait à tout cela lorsqu'il aurait terminé sa journée. À la maison, il s'occuperait des affaires de la maison. Peine perdue, ses bonnes résolutions ne suffirent pas : à tout moment, il ressortait le papier pour le relire, pour s'assurer qu'il ne rêvait pas, qu'il n'avait pas imaginé la chose de toutes pièces. Son manège devint si visible que le télégraphiste se demanda si le chef de gare ne venait pas de recevoir un billet doux qui le troublait. Ce n'était pas dans ses habitudes, mais il y avait un début à tout. Et bien sûr, Honoré se demandait pourquoi le télégraphiste lui souriait aussi stupidement.

Énervé, il finit par sortir prendre l'air sur le quai. Malgré la bruine qui le pénétrait, il marchait, marchait, essayait de se calmer en respirant profondément, contre le poids qui lui pesait sur la poitrine. Furieux de se sentir prisonnier de ces quelques lignes ineptes et lâches tapées en anglais, il recula brusquement sous le larmier, sortit une allumette, et mit le feu à l'enveloppe.

* * *

Comme il était à prévoir, très jeune, je m'étais passionné pour les chemins de fer. On me crut prédestiné, car je prononçai d'un seul coup « locomotive », sans passer par les « cocomoïve » ou « lolomive » des gamins de mon âge. Mon père s'amusait à m'apprendre comment distinguer, au son, convois de marchandises et trains de passagers, et à mon tour, je tentais généreusement de transmettre mes connaissances à Alma, qui ne s'en souciait guère. Elle n'avait d'yeux que pour les oiseaux, qu'elle pourchassait dans l'herbe comme un chat, et elle s'offusquait de la méfiance incompréhensible que même les moineaux lui témoignaient invariablement. Les miettes de pain qu'elle leur présentait au creux de son tablier, immobile durant des heures dans la cour, n'avaient pas davantage de succès. Aussi avait-elle souvent le cœur gros, et c'est pourquoi je lui consentais volontiers à table quelque menue faveur, feignant de ne plus vouloir de mon dessert ou m'arrangeant pour que lui reviennent les ailes de poulet, qu'elle croquait avec une sombre délectation. Elle paraissait craindre qu'on les lui arrache avant qu'elle ait pu finir d'en faire son profit.

À la gare, tout allait rondement: l'administration se faisait comme prévu, les rails, aveuglants au soleil, trônaient sur leur ballast, et le matériel roulant bien entretenu rendait tous les services attendus. Mon père s'acquittait de ses fonctions avec minutie, mais il aurait à la longue éprouvé de l'ennui s'il ne s'était intéressé à l'expansion du réseau dont il se tenait au courant par tous les moyens. Au-delà des notes officielles en anglais, il se délectait des récits, beaucoup plus pittoresques, de cheminots qui rentraient de l'est, de contremaîtres affectés à de nouveaux chantiers toujours plus lointains. Et il jubilait à part lui quand des wagons à perte de vue défilaient inlassablement, chargés à ras bords de dormants prêts à la pose. C'était chose faite maintenant, la liaison maritime avec l'Europe était maintenue toute l'année, la navigation d'hiver faisant moins problème depuis les ports du littoral atlantique que depuis Québec ou Montréal. Les gros bonnets du Grand Tronc parlaient toujours avec jactance de concurrencer les moyens de transport transcontinentaux américains... Honoré n'allait pas jusque-là, même s'il admettait que c'était un beau rêve. Pour l'instant, les cargos saisonniers suffisaient à la demande. Abattu l'hiver, le bois de charpente avait besoin de sécher avant d'être exporté; la récolte des fourrures était également une activité d'hiver; quant au cheddar, il ne perdait rien à vieillir un peu avant d'être consommé. Bien sûr, à l'ouest des Grands Lacs, des colons avides et pressés produisaient des surplus de céréales, qui se vendaient à vil prix quand elles s'entassaient à l'époque des moissons, mais qui pouvaient atteindre des sommets miraculeux en morte saison...

Lorsque mon père revenait de ses jongleries, il se disait qu'à Mont-Joli, sa carrière plafonnait. Au-delà de chef de gare, il n'y avait plus d'échelon. Certes, il avait déjà envisagé de travailler dans des bureaux plus importants, mais c'étaient les ports de mer qui l'attiraient. Il aurait bien voulu voir Halifax, par exemple. Y vivre, si le sort en décidait ainsi? Parmi des Anglais unilingues, sectaires dans leur religion, étroits d'esprit, et qui ne juraient que par l'empire britannique? Parmi les descendants immédiats de ceux qui avaient déporté, dispersé, tenté de tuer l'âme d'Évangéline et des Acadiens? Ouais... Et, depuis que maman avait eu des problèmes de santé lors de l'arrivée au monde de la petite Alma, il n'aimait pas la laisser seule, il se serait inquiété.

Malgré une neige tenace, qui s'était accumulée jusqu'à la moitié des fenêtres du rez-de-chaussée, la saison plus chaude s'était décidée à revenir. La sève avait giclé des bourgeons, et puis le vert tendre avait tout envahi. Alma avait des fourmis dans les jambes, les oiseaux perchés sur le bouleau du voisin la narguaient, elle qui était pourtant fin prête pour la chasse, s'étant exercée sans relâche à grimper, vive comme l'éclair, au poteau de la corde à linge. Quelle cruauté de lui interdire des territoires aussi prometteurs! Grandirait-elle jamais enfin? En attendant, elle lézardait couchée sur le dos le long de la clôture du jardin, ses yeux gris, mi-clos, en alerte néanmoins. Elle se serait peut-être endormie si, de très haut, n'avait virevolté jusqu'à son nez une noire plume de corneille, dont l'impudente propriétaire ne s'était pas montrée. Alma s'en saisit à pleine paume, froissant les barbes. Elle desserra un peu, gratta d'un ongle au cas où ce débris de monstre oserait encore bouger, scruta les environs en quête d'autres indices et finit par se planter la plume dans les cheveux en signe de victoire. Elle s'en alla tout droit dans la cuisine, parader devant Georgiana qui lui fit wou wou wou, persuadée qu'elle jouait aux Indiens. Alma se sentit profondément incomprise: comme si sa mère n'avait pu dire miaou tout simplement! Georgiana se rendit compte de sa déception et lui refila une rondelle de pomme de terre crue.

— Une vraie plume de corbeau, dit-elle engageante.

— De corneille, rectifia la petite.

— Si tu veux, noir de corbeau ou noir de corneille...

— M'en vais dehors.

— Tu ne dépasses pas la clôture, hein!

Alma, ulcérée, tourna les talons, puis se ravisa:

— Veux me baigner dans la mer! Avec toi...

Le cœur de Georgiana se mit à fondre. Son petit bout de femme déjà si indépendante cherchait confusément à se rapprocher d'elle après tous ces mois, ces années pénibles des débuts de sa vie! Et avec un instinct sûr, elle avait justement choisi cette mer apaisante dont le contact avait été si bénéfique jadis à sa mère, mais dont elle avait été privée en raison de son trop jeune âge. Georgiana se laissa tomber à genoux pour la serrer tendrement dans ses bras.

— Oui, ma douce, je te le promets, nous irons ensemble, aux premières chaleurs.

Georgiana passa le reste de la journée en proie à l'inquiétude et à la joie. Elle souriait à la perspective d'un peu d'évasion, mais son front se ridait au souvenir désagréable des Anglais de Métis, dont les petitesses avaient été si pénibles trois ans auparavant. Pénibles au point de tenir les Brazeau éloignés de la plage. Elle se reprocha d'avoir promis sans consulter son mari, qu'elle s'en fut accueillir dans la rue au retour du travail. Elle le mit au courant en deux mots. Honoré lui prit la main avec affection et la mena au jardin jusqu'au repaire d'Alma. Il félicita la petite de son projet et l'assura qu'il serait réalisé. Il chuchota à Georgiana que cette enfant, sans le vouloir, leur faisait honte à tous deux de leur manque de courage.

— C'est une question de dignité, dit-il tout haut en lançant un clin d'œil à Alma.

Plusieurs familles de Mont-Joli décidèrent de se joindre, le moment venu, à l'expédition. Longtemps à l'avance, la fièvre des essayages se répandit dans la petite ville, et l'on passa de longues heures à rafistoler les paniers à pique-nique. Ce fut l'occasion de nombreuses visites entre voisins, certaines dames de Sainte-Anne emboîtèrent même le pas. La présidente craignait de perdre son emprise et, sans demander l'avis de quiconque, elle s'en fut voir le curé pour lui demander s'il accepterait de se joindre au groupe et de célébrer en plein air une messe champêtre. Il estima nécessaire de s'accorder un délai de réflexion.

Il commença par convoquer au presbytère son paroissien Honoré Brazeau, avec lequel il lui arrivait de tenir des conversations plutôt animées au sujet des problèmes de l'heure. Ce fut beaucoup moins franc cette fois, les deux hommes étaient embarrassés. Le curé se décida à grand-peine à poser ses questions.

— Honoré, je ne veux pas que tu le prennes mal, mais j'ai besoin de savoir certaines choses, puisqu'un certain nombre souhaite que je dise la messe à la plage de Métis.

— Ah bon ? Vous venez aussi ? Vous n'avez pas peur que nous manquions de tenue ?

— Je suis sérieux, Honoré, il ne s'agit pas de pudeur. J'ai besoin de savoir si c'est toi qui as monté cette expédition contre nos concitoyens anglais.

— Je n'ai rien monté du tout, et encore moins contre quiconque ! Qui est-ce qui vous a mis ça dans la tête, hein ?

— L'Église a ses sources de renseignements. Notre mission supérieure nous interdit de cautionner la moindre atteinte à la paix sociale.

— Mais quoi, c'est la guerre civile qui nous pend au bout du nez ? Je n'en crois pas mes oreilles, quelle déraison ! Pour ma part, je ne veux qu'une chose : emmener tranquillement ma petite Alma, et le reste de ma famille, prendre un bain de mer. En parfaite tranquillité. Si d'autres décident de nous accompagner, libre à eux, je pense, non ?

— Il y en a qui pourraient voir dans ces mouvements de population quelque chose comme une provocation, un défi à l'ordre public...

— Quoi ? ! C'est du délire ! Tenez, monsieur le curé, si vous partagez tant soit peu ces craintes, moi je vous conseille de rester ici, bien à l'abri dans votre presbytère. Comme ça, il ne vous arrivera rien.

Le curé prit une mine pathétique de grand incompris :

— *Mon pauvre Honoré, tu as toujours eu la tête chaude, tu ne t'améliores pas! Ton pasteur ne songe qu'à ton bien, à votre bien à tous! Mais, je tiens à ce que tu le saches, toi qui es malgré ton caractère un homme droit, jamais je ne laisserai brûler des églises, même pas des chapelles, même pas des chapelles d'été, même pas des chapelles d'été* PRO-TES-TANTES*!!*

— *Ah, parce que nous allons mettre le feu à la « mitaine » des Anglais de Métis, à présent ? On jurerait que vous passez vos nuits à lire des romans-feuilletons ! J'aurais honte à votre place...*

— *Tut tut tut, mon enfant, l'on m'a écrit de Toronto.*

— *Et alors, qu'est-ce que ça peut bien changer ?*

— *Le pasteur Young, qui fait la desserte d'été à Métis, m'a mis en garde.*

— *Vous venez de le dire, pasteur vous-même! Est-ce que vous auriez viré protestant et Anglais, que vous débitez de pareilles fariboles ?! Et puis votre Young, ça lui est venu tout d'un coup, comme une inspiration du Saint-Esprit en plein Toronto ?*

— *Honoré, Honoré, tu t'emportes. Sache pour commencer que les protestants ne croient pas comme nous à l'Esprit saint. Malgré son regrettable aveuglement sur certaines vérités de la foi, le pasteur Young est quelqu'un d'intègre, il n'aurait pas inventé à plaisir.*

— *Moi, par ici, je ne connais que l'homme à tout faire de la « mitaine » et du rectorat de « Metis Beach » avec lequel il correspond régulièrement : il va se faire parler dans le nez, celui-là.*

— *Non, mon fils, je ferai moi-même les vérifications nécessaires. J'admets que tu m'as ébranlé un peu. Va maintenant, je te donnerai des nouvelles.*

La conversation avait mis Honoré dans une telle furie qu'en arrivant à la maison, il ne put s'empêcher d'en parler devant moi. J'enregistrai tout cela avec une gravité bien peu de mon âge et je posai timidement des questions. Je venais de découvrir l'existence des coups fourrés et des abus de pouvoir. Je n'oublierais pas.

Je n'oublierais pas non plus ce dimanche triomphal de juillet, où les Anglais de Métis furent obligés de battre en retraite. Tout Mont-Joli s'était mobilisé comme pour une vaste noce. Les chevaux avaient été bouchonnés, les harnais et les sangles graissés, les cuivres des voitures astiqués. Des fanions multicolores montés sur des perches avaient été fixés sur les montants, et chacun avait rivalisé d'invention pour coiffer son cheval d'un couvre-chef mémorable, de paille, de feutre, de laine ou même de fourrure, avec des fleurs, des plumes, des rubans. Et pour la plus grande joie des enfants en liesse, les grelots suspendus un peu partout faisaient un tintamarre qui rameutait les lambins, tirait les vieillards édentés hors de leurs chaises berceuses et magnétisait les chats affalés au soleil. Le cortège était si long que depuis la tête, on n'en apercevait pas la fin.

Le curé avait dû se résoudre à paraître solidaire de ses ouailles. Il détestait ramer contre le courant, et il s'était rendu compte que les craintes du factotum des Anglais, qui avait voulu faire l'agréable et l'important auprès de ses maîtres de Toronto, ne reposaient sur rien. Par contre, Gaby Saucier, le maire, n'avait consulté que sa couardise et avait prétexté la maladie d'un lointain parent pour disparaître de la circulation. Ainsi, le religieux l'avait emporté sur le civil. En tête, debout dans la somptueuse voiture paroissiale qui arborait les insignes pontificaux, tourné vers l'arrière et battant large la mesure, le curé entonnait cantique sur cantique. On se serait cru à la Fête-Dieu. Un peu décontenancés d'abord par l'allure que prenait leur expédition à la plage, nos compagnons reprirent de bon cœur ces chants qu'ils connaissaient si bien et ils finirent par les gueuler avec autant de conviction que s'il s'était agi de chansons à boire.

Ainsi, tous débouchèrent en masse, sur les onze heures, à Métis où les Anglais, à peine sortis de « mitaine » et installés sur le sable, s'étaient levés l'un après l'autre au bruit grandissant, s'étaient regroupés frileusement et avaient quitté les lieux l'un après l'autre quand, les yeux exorbités, ils avaient vu le curé revêtir aube et chasuble, et disposer, sur une nappe éclatante de blancheur recouvrant des tréteaux, les vases sacrés indispensables à la célébration de la messe. Seul le grand chien roux, que je tenais toujours en affection malgré ma mésaventure avec la petite Anglaise, hésita quelques instants avant de filer lui aussi, la queue entre les jambes.

À peine le dernier signe de croix, et la foule joyeuse de s'égailler dans les bosquets pour se mettre en tenue, de s'étaler au soleil ou à l'ombre, de se lancer dans des poursuites zigzagantes à perdre haleine, de batifoler dans l'eau glaciale en poussant des cris aigus. L'on mangea de fier appétit, en se disputant l'honneur d'offrir à quelque Brazeau déjà plein jusqu'aux yeux une autre part de tarte, un ultime morceau de gâteau au chocolat. À l'insu du curé pendant la première heure, puis avec sa collaboration active, des fioles brunâtres circulèrent, d'un contenu dont les vertus thérapeutiques étaient à chaque nouvelle gorgée bruyamment réaffirmées. Comblés de tout, les pique-niqueurs, avant de rentrer en ville, se rassemblèrent spontanément, formèrent un chœur orienté en direction de la mitaine et chantèrent avec une extraordinaire émotion, qui prenait au ventre, la complainte d'Évangéline la déportée. Euphorique, le curé avait replié les pans de sa soutane dans sa ceinture et retroussé ses manches: il ne battait plus la mesure pour le Très-Haut, il vivait avec son peuple à l'unisson.

XII

Énervée, Marie-Laure avait fourré la liasse de feuillets au fond d'un tiroir. De petites larmes perlées lui envahirent les yeux. « Il n'était pas mauvais de commencer dans une petite école rurale, avait-il osé écrire, mais il n'était pas interdit d'aspirer à mieux. » Elle pensait mourir de honte. Son correspondant lui avait enfin avoué à quel point il la trouvait campagnarde, retardée peut-être... Il le savait, lui, qu'une petite école ridicule aux confins de Cap-Chat ne pesait pas lourd dans le monde contemporain. À mots couverts, il venait de lui laisser entendre qu'elle ne valait pas la peine qu'on s'occupe d'elle sérieusement. Ce serait la dernière lettre, son testament épistolaire, qu'il daignerait lui envoyer. Il se réserverait pour une jeune fille plus évoluée qu'elle, pour une citadine à l'aise dans les afféteries, pour une espèce de maniérée clinquante qui ne lui demanderait certes pas de la protéger des ours. Pourquoi aussi avait-elle été si naïve, si ouverte dans ses confidences ? Elle vivait avec trop d'intensité ce qui la concernait, elle, directement : elle oubliait que les autres pouvaient ne pas être au diapason.

Mais il lui sembla que Gustave avait été dur avec elle, cruel même. La belle affaire, un bagagiste se permettre de regarder de haut une institutrice ! Elle lui dirait son fait, quoi qu'il puisse advenir. « Et si vous persistez à entretenir de la sorte une trop haute opinion de vous-même, vous qui n'êtes après tout qu'un amateur de bains de mer, de chiens roux et de petites Anglaises, je suis d'avis qu'il faudra mettre fin à un échange de lettres dans lequel je ne me serai que trop intensément investie. Est-ce que je m'attendris sur mon père, ou sur Philomène, ma mère, ou mes frères ou mes sœurs, moi ? »

Avec patience et délicatesse, Gustave s'employa à dénouer les fils tordus de son angoisse. Il lui chanta si haut et si fort les mérites de la campagne, que pour de bon, elle crut qu'on se moquait d'elle : elle n'en demandait pas tant. Elle lui signifia un congé temporaire d'un mois, elle avait besoin de réfléchir. Elle le pria d'en profiter pour s'avancer dans la vie, faisant ainsi la preuve qu'ils pourraient dans l'avenir communiquer d'égal à égal.

De la mi-novembre à la mi-décembre, après la botanique et l'anatomie animale, mademoiselle Letellier plongea son école dans la prière, la dévotion et l'histoire sainte. Les doses étaient si massives que certains parmi les plus grands offraient soudainement à leurs parents de les assister quelques jours dans les corvées d'automne. Les plus petits supportaient sans rechigner les nombreuses stations à genoux, car la maîtresse avait entrepris de les combler d'images pieuses. Monsieur Perron se fit raconter ces nouveautés par le menu détail et il en conclut au chagrin d'amour. En conséquence, il recommanda à sa progéniture de se comporter comme des anges à son égard. Il n'attendait que sa chance.

Respectueux du délai qu'on lui avait imposé, le 15 décembre exactement, après s'être défendu tant bien que mal des questions fureteuses d'Alma et des regards inquiets de sa mère, Gustave prit l'initiative de donner de ses nouvelles. Il expliquait fièrement à sa « chère Marie-Laure » que désormais, il lui consacrerait davantage de temps, puisqu'il avait changé d'emploi : le commis aux écritures dont il assumait la tâche avait dû présenter sa démission et il s'était arrangé pour qu'on le nomme officiellement son remplaçant. Adieu le fret et les colis ! Dans son euphorie, il lui raconta même ses démêlés avec la clarinette.

Tout heureuse, Marie-Laure ne regretta plus de l'avoir piqué un peu dans sa dernière missive. Après avoir bien supputé ce qu'elle apprenait, elle le félicita, non sans lui demander de préciser comment, dans les chemins de fer, l'on passait de simple remplaçant à titulaire d'un poste. Quant à la fanfare, elle affirmait osciller entre l'approbation et la jalousie, mais elle entrevoyait le jour où quelques notes franches parfaitement orientées, sur cette clarinette qu'il embrassait si fréquemment à pleines lèvres, viendraient lui faire fondre le cœur jusque dans sa lointaine Gaspésie. Elle se relut et se trouva osée comme ce n'était pas permis.

Elle en rit de plaisir coupable. Mentalement, elle implora l'indulgence de sœur Sainte-Suzanne avant de conclure : « Vous trouverez sans doute que je déraisonne, c'est votre faute à vous aussi, qui venez de m'apporter tant de joie. »

Gustave jugea qu'il avait enfin réussi à briser la glace. Honoré, qui avait retrouvé une certaine verdeur depuis sa mise à la retraite, suivait, attentif, les variations d'humeur de son fils. Il s'amusait à le jeter dans la confusion en lui vantant les appâts de Pauline, la fille plantureuse du boulanger, ou ceux d'Angéline, dont les yeux pers fascinaient à rendre fou. Gustave gagnait du temps en promettant sans enthousiasme de jeter un coup d'œil à l'occasion.

— Mais je ne suis pas si pressé, il faut que je songe d'abord à ma situation. Et puis, je n'ai aucune raison de me limiter à Mont-Joli, n'est-ce pas ?

— Ah toi, on dirait que tu penses à quelqu'une en cachette !

— Pas encore vraiment, je vous préviendrais, pensez-vous.

S'entendant parler de la sorte, Gustave avait la pénible impression de trahir Marie-Laure. Pourtant ses sentiments à lui, pour développer leurs racines, ne pouvaient se passer d'ombre protectrice. Il lui faudrait louvoyer le temps nécessaire entre les incitations paternelles, les regards appuyés de Georgiana, les allusions malicieuses d'Alma et les grasses plaisanteries du chef de gare Landry, qui adorait lui faire monter le rouge aux joues.

Un même soir, Gustave s'enhardit à écrire qu'il accepterait volontiers une invitation à Cap-Chat pour la fête des Rois et s'en fut au magasin de son ex-employeur s'enquérir du prix des armes à feu. Celui-ci l'accueillit fort bien, mais lui annonça qu'il ne recevrait son nouvel assortiment qu'à la fin du mois de mars.

— C'est nouveau cet intérêt, chez toi. Tu as rencontré une mouffette ?

— Euh... non, non. C'est une chose que je n'ai jamais apprise, rien de plus.

— Si je devais apprendre tout ce que je n'ai jamais appris, j'y passerais le reste de ma vie !

— Moi-même, je ne suis pas sûr de bien me comprendre dans cette affaire, alors...

— En parlant de choses que j'ai jamais très bien apprises, tu me ferais pas la vérification de mes livres en fin de mois ? Il me semble que ça m'aiderait beaucoup, j'ai l'impression que c'est toujours de travers.

— Méthode, rigueur, précision, avec ça vous ne pouvez pas vous tromper. Vous êtes sûr que je vous serais utile ?

— Puisque je te le demande ! Tu as étudié, non ? Tu es dans les chiffres toute la journée, non ? Tu deviendras mon comptable attitré. Oublie les clous que tu as pesés pour moi ! Je te paierai bon tarif...

— Oui, mais est-ce que monsieur Landry sera d'accord ?

— Ça le regarde pas, personne n'a le droit de te dire quoi faire de tes temps libres ! Accepte donc, va, tu le regretteras pas.

— Oui, mais si le Grand Tronc l'apprenait ?

— Je serai discret, crains pas. Et, diable, ils ont pas l'exclusivité sur toi vingt-quatre heures sur vingt-quatre. Tu vas pas faire comme ton père, te dévouer pour eux corps et âme et te retrouver en disgrâce au plus mauvais moment ! Les Brazeau ne doivent certainement rien aux chemins de fer !

— O.K., pas la peine d'en ajouter ! s'exclama Gustave dont les yeux lançaient des éclairs. J'accepte votre offre. À une condition : vous vous débrouillerez pour m'apprendre à tirer.

Marie-Laure aurait mille fois préféré se rendre, elle, à Mont-Joli pour les fêtes, ou à Québec, ou à Montréal... Elle était persuadée que Gustave trouverait son père monstrueux, elle qui le trouvait mal dégrossi. Le moyen de faire comprendre une chose pareille à un ami très cher auquel elle tenait tant ? Elle s'en ouvrit à Philomène, qui de temps à autre lui arrivait au Grand-Fonds avec des paniers de victuailles. Sa mère la gronda gentiment, en lui faisant valoir que c'était mal d'avoir ainsi honte de ses parents, honte de sa famille à laquelle elle ne rendait jamais visite. Marie-Laure lui sauta au cou en pleurant, en lui jurant qu'elle se trompait. Le manque de temps seul expliquait tout...

— Ma fille, pas la peine de chercher des excuses, je sais ce que c'est. Tâche de faire un petit effort, tu vas venir à la maison pour Noël, tout le monde t'attend. Et dis à ce monsieur Brazeau qu'il sera le bienvenu pour les Rois.

La veille de Noël, juste avant de partir à la messe de minuit en carriole, Isidore rassembla tous les siens au salon et leur déclara :

— Mes enfants, ma femme, je dois vous prévenir qu'il y a du mariage dans l'air.

Marie-Laure se crut percée à jour, elle blêmit, recula. La sueur lui mouilla le visage. Lorsqu'elle eut retrouvé un semblant de sourire, son père continua :

— Et il ne s'agit pas de toi, l'institutrice. Avec ton grand sens de la famille, tu ferais tout aussi bien de rester vieille fille.

Tout le monde de s'esclaffer, même Philomène, pourtant si attentive d'habitude à ne blesser personne. Marie-Laure se figea dans une mine amère et se croisa violemment les bras.

— J'ai trouvé un mari pour ma belle Imelda.

Devant l'incrédulité générale, Isidore s'impatienta :

— Pourquoi pas, hein ? Mon Imelda est une femme dépareillée, habile, travaillante, douce, dévouée. Et puis c'est un très bon parti : je lui ai fait une dot alléchante.

Les murmures tournèrent en brouhaha. Isidore fit taire tout le monde du geste.

— Avance un peu par ici, Imelda. Viens, montre-leur comme tu es encore belle, ronde, rougeaude !

Indécise, Imelda fit deux pas vers son père avant de crouler au sol en sanglotant. Philomène et Marie-Laure s'en furent la relever sans guère se soucier de son chagrin ; entre elles, la discussion à voix contenue était trop vive.

— En tout cas, s'indignait Marie-Laure, s'il nous aime, nous, ses enfants, c'est comme autant de têtes de bétail !

— Ah, tais-toi, tête de pioche, tu ne le comprendras jamais !

Isidore s'approcha pour les regarder droit dans les yeux.

— Ça sert à rien, ma femme. Un jour, elle regrettera. En attendant, pour le réveillon, j'ai invité le bonhomme Delarosbil : un cavalier pour elle.

Offusquée, suffoquée de mauvais souvenirs porcins, Marie-Laure s'empara du bras de sa sœur et l'attira à l'écart.

— Imelda, ma chérie, je veux que tu sois heureuse, je le veux vraiment ! Tu n'es pas obligée de faire ce que te dit notre père...

— Non, t'inquiète pas, je suis satisfaite de son choix.

— Ah oui ! ?

— Bien sûr, c'est le grand Jourdain...

— Mais il est pris des poumons !

— Ça, il paraît, mais il ressemble tellement à papa !

— Vous allez faire la paire. Toi aussi, ma pauvre, tu as attrapé une maladie incurable ?

— Moi ?

— Tu as le béguin pour Isidore Letellier, ton propre père, voilà ce que tu as ! Et depuis belle lurette !

— Bah, tu ne dis que des méchancetés ! Tu serais pas envieuse ?

Toute cette nuit de Noël, Marie-Laure refusa d'admettre l'évidence : au fond, elle enrageait du bonheur et de la placidité d'Imelda, elle la jalousait pour la place unique qu'elle occupait dans l'affection de leur père. Et elle tâcha de se rassurer en pensant à Gustave. Pour lui, elle se ferait envoûtante, ensorcelante. Au fil des heures, elle se perdit en rêveries sur sa toilette de la fête des Rois mages. Le malheureux Delarosbil, qui s'efforçait d'engager la conversation, en fut pour ses frais. Elle lui dit tout de même au revoir lorsqu'il partit, épuisé et pompette, au petit matin.

— Et vous transmettrez bien des choses de ma part à vos braves bêtes, monsieur Delarosbil.

Isidore fit avant de s'endormir une dernière caresse à Philomène :

— Impertinente comme elle est, ta Marie-Laure risque de pourrir au Grand-Fonds, tu trouves pas ?

— Oui, d'autant plus que Perron, le veuf de par là, lui tourne autour depuis qu'elle est arrivée. L'imagines-tu s'occuper de sa fournée d'enfants ?

— Ça lui donnerait peut-être le sens de la mesure et de la réalité.

— Souhaite-lui pas ça, à son âge !

— T'as raison, il faudrait pas. Mais je doute que même le vaste monde vienne à bout de ses lubies.

— Ah, mais les petits Perron, ils sont adorables...

Marie-Laure, elle, veillait sur le sommeil d'Imelda, tentant de l'imaginer dans les bras d'un homme.

— Elle sera déçue. Innocente comme une génisse... Est-ce qu'elle est seulement... une vraie femme ?

Toute à ses rêves, Imelda laissa échapper quelques soupirs voluptueux en se roulant sur sa couche.

— Lubrique ! Hypocrite ! lui jeta Marie-Laure détrompée.

Il y eut un redoux pour les Rois. Et avec les menus cadeaux apportés par Gustave, les tensions de la maisonnée se dissipèrent pour faire place à la bonne humeur générale. La galette fut chaudement applaudie lorsqu'elle arriva sur la table. Étrangement, la fève et le pois se retrouvèrent dans les portions d'Imelda et de son galant Jourdain : ils porteraient donc les couronnes royales. Marie-

Laure, soupçonnant du louche là-dessous, voulut bouder un peu, mais un clin d'œil de Gustave la fit changer d'avis.

Après les gigues, les rondes, les chansons à répondre, les deux correspondants se retrouvèrent enfin seuls sur la galerie, «pour respirer un peu». Philomène, complice, détourna l'attention des autres en lançant un concours de devinettes.

— Pouvez-vous comprendre, chère Marie-Laure, à quel point je suis heureux ici avec vous ce soir?

— Vous... vous êtes trop gentil.

— Ce n'est pas une parole en l'air.

— Euh... oui, bon. Que pensez-vous, franchement, de ma sœur Imelda?

— Votre... sœur!? Eh bien, elle m'a paru fort aimable.

— Rien de plus?

— Je ne vois pas...

— En tant que femme, comment la jugez-vous?

— Là, vous me prenez au dépourvu. Je... je n'ai pas l'expérience de personnes qui auraient atteint son... sa maturité.

— Comme vous êtes diplomate! Je voulais simplement savoir s'il était décent qu'elle se marie à son âge. Et à plus jeune qu'elle.

— Pourquoi pas? Elle a encore de belles années devant elle.

— Je suis idiote. C'est que, voyez-vous, depuis ma tendre enfance, je ne l'ai vue qu'à la maison, pour s'occuper de mes frères et sœurs et de mon père, prêtant main-forte à ma mère...

— Alors, elle a largement mérité d'avoir un foyer bien à elle.

— Oui. Mais elle va se marier!

— Sans doute...

— Un homme et elle...

— Probablement.

— Moi, je... en fait, je croyais la précéder dans cette voie ! Ah, excusez-moi, je ne vous raconte que des folies ! Rentrons si vous voulez.

— Mais non, tout ce que vous me confiez est parfaitement normal. Si vous pouviez être témoin de la surveillance que me fait subir Alma, ma sœur cadette... Elle épie notre correspondance depuis le début.

— Vous ne voulez pas dire que cette Alma lit nos lettres ! ?

— Rassurez-vous, non. Je la tiens à distance, mais elle se vexe... Et si nous revenions à nous ?

— Comme il vous plaira...

— Vous êtes...

— Oh non, ne prononcez pas de paroles...

— De paroles ?

— ... qui nous précipiteraient...

— Où ça ?

— ... euh... dans l'embarras.

— La sagesse parle par votre bouche. Un petit baiser alors ?

— Gustave Brazeau, vous n'y pensez pas !

— Je ne pense même qu'à cela depuis que je vous ai vue sur le quai de la gare de Mont-Joli !

— Eh bien, en voilà des aveux ! C'est du propre ! Vous ne songez qu'à embrasser toutes les inconnues que vous rencontrez sur les quais des gares... Ah, que je trouve cette idée blessante !

— Vous savez parfaitement que ce n'est pas vrai, il n'y a que vous qui...

— Mais vous oseriez, devant ma famille réunie ?

— Si vous connaissez un endroit plus tranquille...

— Oh, le vilain ! Alors, promettez-moi que vous ne vous approcherez pas trop.

— Difficile, ce que vous me demandez là, car pour embrasser...

— Ne vous moquez pas ! Vous me comprenez, je ne tolérerai de votre part qu'un chaste baiser.

— À vos ordres, mademoiselle.

— Appelez-moi par mon prénom, « mademoiselle » sent l'école à plein nez.

— Marie-Laure...

— Gustave...

Le mot se répandit le lendemain matin dans la cuisine des Letellier : Marie-Laure était à genoux, au pied de son lit, depuis l'aube. Philomène conseilla à chacun de se mêler de ses affaires. Toutefois, lorsque Gustave descendit à son tour, il se fit un silence qui l'alarma. Ghislain voulut rompre la gêne qui menaçait de s'installer :

— Qu'est-ce que t'as fait à ma petite sœur, toi ?

Mal perçue, la question maladroite ne jeta que davantage de froid. Isidore s'en fut au-devant de Gustave et, lui entourant l'épaule d'un bras secourable :

— Monsieur Brazeau, il ne faut pas vous en faire, notre blonde Marie-Laure a toujours eu ses petites... disons particularités. Si elle est en extase au pied de son lit depuis le petit matin, c'est que vous avez su lui faire la cour. Rien à vous reprocher. N'est-ce pas, vous autres ? Alors, qu'on se le tienne pour dit et qu'on passe à autre chose. Marie-Laure viendra nous rejoindre quand elle pourra.

— Si j'allais lui parler, monsieur Letellier ? demanda Gustave tout de même inquiet.

— À votre place, je prendrais mon café bien tranquille...

— Ah, puisque vous le dites...

Marie-Laure, qui ne réapparut que pour le repas du midi avec une mine séraphique et épuisée, en voulut à mort à Gustave de s'être laissé dicter sa conduite par Isidore. Mais elle ne le manifesta pas directement. Elle feignit plutôt de regretter amèrement sa conduite trop légère de la veille et fit expier Gustave plus que de raison. Celui-ci pensa bien faire en lui lançant mille taquineries, mais elle se refermait à vue d'œil. Ils se quittèrent en termes prudemment affectueux, sans plus.

Avant que Marie-Laure ne reparte pour le Grand-Fonds, Philomène la persuada de prendre avec elle une petite servante pour le bois de chauffage, le ménage et la cuisine, et aussi pour sauvegarder sa réputation.

— Comment ça, ma réputation!?

— Tu vis seule là-bas, on pourrait jaser.

— Pfui! S'il fallait tenir compte des mémérages de tout un chacun...

— Il me semble que dans les alentours, il y a un certain Perron qui te trouve de son goût.

— Heille, un vieux veuf comme lui!

— Bon, admettons que tu n'es pas intéressée. Pense seulement à Gustave... ou à d'autres cavaliers que tu pourrais avoir.

Lucille, la servante, ne demandait pas mieux que de rendre service, elle le répétait jour et nuit, même pendant les cours. Hélas, son expérience, ses aptitudes ne lui permettaient pas d'être à la hauteur de ses aspirations. Lui demandait-on de faire du feu, elle bourrait le poêle de bois vert, qu'elle recouvrait d'épluchures de pommes de terre avant de refermer et d'allumer. La porte, les joints, le tuyau crachaient une boucane immonde, qui obligeait chacun à fuir loin dehors. Le ménage, elle voyait à peu près ce que c'était, mais elle était fermement persuadée qu'on ne devait s'y adonner qu'une fois par mois, sans quoi murs et planchers subissaient une usure prématurée. Sans parler de la peau des mains qui risquait de vous peler. Pour la cuisine, son enthousiasme n'avait pas de bornes : elle avalait sans mastiquer plus que sa part de ce que l'institutrice préparait pour elles deux. Au demeurant, la petite était d'agréable compagnie et jamais elle ne manifesta le désir de rentrer chez ses parents. Non, elle aimait se laisser bercer par la voix des élèves qui récitaient leur leçon, pendant qu'elle faisait une sieste bien peu méritée sur le lit de Marie-Laure. Cette dernière tentait en vain de lui inculquer d'autres habitudes. Elle perdit patience au sujet de la vaisselle. Lucille prétendait que le contact de l'eau graisseuse lui donnait immanquablement de l'urticaire. Et pour l'essuyage, elle était si gourde qu'on ne pouvait lui confier que les gobelets de fer blanc.

— Lucille, tu vas retourner chez toi par le premier traîneau.

— Han ! ? Qu'est-ce que j'ai fait ?

— Rien, justement. Ça s'explique mal. Quittons-nous bonnes amies quand même.

— Je vais le dire à ta mère !

— Quoi, par exemple ?

— Que tu veux courir les hommes !

— Tu t'imagines que ma mère va croire tes grosses histoires ?

— Ben, je suis obligée de lui faire un rapport, après tout, c'est moi ton chaperon...

Marie-Laure leva une main menaçante.

— J'en ai dressé des plus fantasques que toi, tu sais.

— Bon, bon, d'accord, je dirai rien à personne. Je l'aurais fait pour ton bien, juste pour ton bien... Mais avant que je parte, tu vas me faire plein de toasts dorés. Tu voudrais pas que je meure de froid en m'en allant, hein ?

Le passage de Lucille à son école avait laissé Marie-Laure fort songeuse. C'était la première fois qu'elle se cassait les dents sur une adolescente. Si plus tard l'un de ses enfants tournait comme la servante, comment réagirait-elle ? Elle essayait de prendre tout cela davantage à la légère, sans y parvenir. Et dire qu'elle n'avait connu cette désagréable expérience que pour rester sans reproche aux yeux de Gustave... Ah oui, et aussi pour les autres « cavaliers » qu'elle pourrait avoir. Mais elle n'en avait pas, elle n'en avait jamais eu. Tandis que lui, peut-être, Gustave... Elle s'empoisonna de cette pensée, au point d'exiger de lui un compte rendu détaillé de ses « amours antérieures et actuelles ». Afin d'éprouver la franchise et l'honnêteté de leur relation.

Le jeune homme sourit de cette foucade, qui n'était pour lui qu'une nouvelle preuve d'attachement. Il se gratta la tête en décidant s'il parlerait ou non d'Yvonne, sa fervente admiratrice du baseball, s'il avouerait ses amourettes plus poussées, du temps de son stage à Québec. Pour décrire l'actuel, il eut recours à une longue fable mettant en scène une superbe sirène drapée d'écume, batifolant aux alentours du grand chat de pierre dans un certain village de Gaspésie. Il se déclara victime consentante des enchantements de cette divine créature.

Marie-Laure fut rassurée à peu près. Moins inquiète, elle devint plus laconique. «À quoi, cher Vous, le baiser des Rois que vous m'avez arraché doit-il nous conduire? Me le direz-vous?» Gustave l'amusait de toutes sortes d'anecdotes, sans répondre directement à cette préoccupation pourtant précise. Il avait des projets dont il voulait la surprendre. Elle revenait à la charge. Il lui dit qu'il l'aimait et que cela devait lui suffire pour l'instant. Elle lui fit savoir qu'elle aurait beaucoup de temps libre l'été d'ensuite. Il lui fit de la peine en lui répondant que son été entier était déjà occupé.

— Il fait le fier, l'indépendant, le mystérieux! Et moi, est-ce que je vais passer mon été à me morfondre à Cap-Chat? Pas question, j'écris tout de suite à sœur Sainte-Suzanne. Elle me conseillera certainement quelque chose.

Avec énormément d'application, Gustave suivait par correspondance le cours de télégraphie. À l'été, il aurait des séances de formation intensive à Montréal, au terme desquelles il se présenterait aux examens. Il s'était juré de réussir. Ainsi, il serait digne de sa belle amie qu'il ne laissait dans l'incertitude que pour mieux la ravir un peu plus tard.

Bientôt, elle lui annonça que, malheureusement pour lui, elle n'était plus disponible pour l'été, car elle s'était inscrite au programme du brevet supérieur, à Sainte-Anne-de-la-Pocatière. Elle souhaitait se perfectionner, au cas où elle serait forcée de passer toute sa vie dans l'enseignement. Elle avait aussi l'intention de refaire ses forces spirituelles, qui avaient été mises à rude épreuve au cours des derniers mois. Sainte-Anne était le siège d'un évêché, il devait s'y trouver de saints personnages qui la guideraient sur la voie du salut.

Avait-elle été naïve de s'attendre si vite de sa part à un engagement ferme! Le doute montait en elle comme une marée d'équinoxe. Elle en oubliait ses tables de multiplication; elle confondait les noms de ses élèves; elle prenait le mois de février pour le mois d'avril. Averti par ses enfants, monsieur Perron sortit de sa réserve pour inviter leur maîtresse d'école à une randonnée en raquettes. Pour couper court à jamais, Marie-Laure se déclara tuberculeuse et incurable. La petite Perron qui l'admirait tant fit des cauchemars la nuit, tant l'affreuse nouvelle l'avait affectée. Elle ne se rasséréna que lorsque son père lui jura qu'elle aussi, si elle continuait, deviendrait quelque jour tuberculeuse et incurable.

Depuis qu'Alma avait été mise au courant des projets de son frère, elle le dérangeait à tout propos pour des riens. Parfois, elle lui prenait doucement la main; parfois, elle sortait ses griffes. Gustave pensa la distraire en lui présentant divers amis qu'il s'était fait depuis son retour à Mont-Joli. Mais elle refusait même de les saluer, leur grimaçait à la figure et sifflait entre ses dents aiguës des propos incohérents.

— J'ai un fiancé, susurra-t-elle un beau soir à l'oreille de son frère.

— Oui? Mais c'est merveilleux! Quand vas-tu nous le montrer?

— Ouache, le montrer? Il est à moi, rien qu'à moi, personne va me l'enlever!

— Bien sûr que non, n'aie pas peur. Avec ton fiancé, tu ne t'ennuieras pas de moi pendant l'été...

— Je t'oublierai, pour toujours. Bon débarras! Je dirai à Georgiana qu'elle t'oublie elle aussi. Tu vas disparaître...

— J'ai une sœur extraordinaire : elle est folle comme braque !

Honoré jugea nécessaire de mettre Gustave en garde :

— Je t'ai entendu l'autre soir parler à Alma. Choisis mieux tes mots, tu joues avec le feu.

XIII

À Montréal, Gustave n'avait pas tardé à se mettre au travail. Ce congé de perfectionnement était à ses frais, il n'allait certes pas le gaspiller. Sommairement installé rue du Bonsecours dans une petite chambre qu'il ne réintégrait qu'à la nuit, il passait ses grandes journées dans le cliquetis des transmetteurs et récepteurs du système morse, dont il avait si parfaitement assimilé l'alphabet codé en points et en traits, qu'il déchiffrait à la vitesse de l'éclair, comme en se jouant, les messages les plus longs, les plus compliqués. D'ailleurs, lorsqu'il sortait quelques minutes pour manger sur le pouce, il avait la manie de coder dans sa tête tout ce qu'il entendait autour de lui. Trait, point, point, trait... D'un doigt nerveux s'agitant sur la nappe, il expédiait aux mouches du plafond des phrases anodines et cocasses. Quand on lui demandait quel dessert il allait prendre, il tapotait d'abord le début de sa réponse en morse, avant de traduire en langue quotidienne, c'est-à-dire en anglais.

Car dans la zone du port, dans le quartier des affaires, dans les faubourgs industriels, les patrons anglo-écossais, installés et protégés depuis 1760 par les régiments britanniques, imposaient leurs normes. «*Speak white or die.*» Les petits employés de commerce, les cireurs de bottes baragouinaient l'anglais, même entre eux. Ils flattaient leurs maîtres jusqu'en leur absence. Gustave dut marcher sur son orgueil à maintes reprises. Il connaissait la situation dans les chemins de fer, mais il n'avait pas imaginé que l'envahissement de l'anglais avait atteint ailleurs ces extrêmes. Le dimanche après-midi, pour se reposer les oreilles, il se payait de longues promenades rue Saint-Denis, où c'était nettement moins le monde à l'envers.

Il réussit brillamment ses examens de télégraphiste et fit aussitôt acte de candidature pour un poste en conséquence. Avant de quitter la ville, il offrit en hommage ses succès à Marie-Laure : c'était pour elle qu'il avait tout quitté, qu'il avait franchi cet échelon important. Et il lui confiait que le plus dur avait été de la savoir loin de lui, d'autant que leurs lettres arrivaient mal à destination, malgré les « Prière de faire suivre » inscrits en majuscules sur les enveloppes.

Justement, la dernière missive de Marie-Laure l'avait raté de peu à Montréal. C'est donc à Mont-Joli qu'il apprit qu'elle ne s'était pas mal débrouillée non plus. Munie d'une recommandation enthousiaste de son inspecteur, qui ne s'attendait pas à trouver un tel dynamisme à l'école du Grand-Fonds, elle avait séduit ses professeurs de l'École normale, ainsi que son confesseur de l'archevêché. Forte de quoi elle s'était fait introduire auprès des directrices d'écoles élémentaires. Elle ne terminerait pas son brevet supérieur avant l'été suivant et ne pouvait songer tout de suite à enseigner au secondaire. Mais, et c'était la grande nouvelle, elle ne serait même pas obligée de rentrer à Cap-Chat avant de s'installer en ville, car Sainte-Anne était bien une vraie ville ! On lui confiait une classe de deuxième année, de fillettes uniquement. Elle était aux anges !

Pour faire montre de sa nouvelle spécialité, Gustave lui envoya de sa main un télégramme de félicitations, qu'il fit suivre d'une lettre un peu triste. Jusqu'ici, quand il pensait à Marie-Laure, c'était à sa chère petite Gaspésienne qu'il pensait. Tandis qu'à présent...

Elle lui reprocha en termes légers ces penchants nostalgiques et lui prouva qu'il était en contradiction avec lui-même, lui qui ne jurait que par le progrès, la vie moderne, les finances, l'industrie. Qu'il lui dise plutôt quand il comptait venir la voir à Sainte-Anne-de-la-Pocatière.

Quand toutefois la lettre de la petite Perron aux nattes lui parvint, elle ne put s'empêcher d'être atteinte. Tous et chacun des élèves du Grand-Fonds allaient regretter leur maîtresse, affirmait l'enfant, « espécialement » ceux de la famille Perron, qui l'aimaient plus que tout le monde. Leur papa faisait dire qu'il n'en voulait pas à Mademoiselle, malgré ses refus et sa maladie supposément incurable. Il savait bien qu'il n'était pas de la première jeunesse et que la charge de tant d'enfants pouvait paraître trop lourde à une si jeune et si belle personne. «J'espère, terminait la petite, que j'ai pas fet trop de fôtes, je veu pas vous fère onte.» Marie-Laure versa tant de larmes sur ce pauvre bout de papier, que l'écriture maladroite en disparut dans un lavis bleuâtre. La crise passa. Elle serra les mâchoires, le menton lui tremblait. Elle avait voulu quitter, elle s'en tiendrait là.

Pour faire contrepoids, Isidore résolut de hâter le mariage de sa chère Imelda, toujours aussi aimante et docile. Philomène ne put que lui donner raison.

— Pas la peine d'inviter la maîtresse d'école, dit-il, elle n'a pas le temps, elle est trop loin, elle viendrait pas. Mais j'inviterais bien son ami Gustave...

— Là, tu exagères, mon mari. Tu l'inviteras, ni plus ni moins que les autres enfants, ni plus ni moins que le reste de la parenté. Mais c'est vrai qu'il est agréable l'ami de Marie-Laure...

La fameuse invitation fut déchirée en petits morceaux, sans que Gustave en soit informé. Marie-Laure, qui avait tiré un trait sur son existence antérieure, voulait croire dur comme fer qu'elle venait d'échapper de justesse à la sauvagerie. Elle décorait et fleurissait sa classe comme si elle y avait reçu dans un salon; elle inculquait à ses gamines de deuxième année les règles d'une étiquette pointilleuse et surranée, venues tout droit de vieux manuels dénichés à la bibliothèque. En guise de gymnastique, elle leur apprenait à faire la révérence, à mettre le couvert, à manipuler la serviette de table sans la souiller, à se moucher dans un mouchoir sans faire de bruit, à dissimuler les rots derrière le poing fermé. Elle promettait un peu de couture pour la fin de l'année, de la broderie peut-être. Plutôt ravies, les élèves avaient l'impression permanente d'être montées sur une scène de théâtre sans pouvoir en redescendre.

Emma Thibault, la directrice de l'école, trouva les initiatives de la nouvelle recrue admirables, et ses manières exquises. Elle l'interrogea pour mesurer l'étendue de ses connaissances, pour jauger ses goûts, pour sonder ses aspirations, pour vérifier la correction de son langage. Satisfaite, elle l'admit dans le cercle de ses familiers, la priant pour le thé, la conviant à des soirées de poésie. Marie-Laure, comblée, répondait à ces faveurs en soignant sa coiffure et en raffinant sa mise, comme elle avait si bien su le faire depuis son séjour au couvent de Saint-Pascal. Mais la jeune institutrice passait beaucoup de temps à l'église et en direction spirituelle : Emma n'était pas entièrement fixée sur ce que cela présageait.

— Si vous permettez, ma chère, une question indiscrète : est-ce que vous ne seriez pas en train de nous mijoter une belle vocation tardive ? Vous nous parlez avec tant d'effusions de votre amitié pour sœur Sainte-Suzanne, vous vous plaisez tant en compagnie de votre directeur spirituel, vous êtes si assidue à la messe, que l'idée m'en est venue.

— Qu'allez-vous penser de moi, madame la directrice ! J'ai eu ce problème aussi à Saint-Pascal, j'ai tendance à en faire trop. Excusez-moi si mes exercices de piété sont voyants, ce n'est pas bien, je manque d'humilité.

— Pas du tout ! Non, ce que je crois, c'est que vous êtes également douée pour la vie laïque et pour la vie religieuse. Alors, comme je ne vous connais guère de relations masculines...

— Oh, dit Marie-Laure en rosissant, voyez-vous, l'on m'a toujours conseillé en la matière la plus grande prudence.

— Et à juste titre, certainement. Mais, pardonnez ma brutalité, il faut bien quelque jour sortir de son cocon. Vous ne trouvez pas ?

— Ah... je... vous êtes la sagesse incarnée. Je pourrais m'ouvrir davantage aux autres... à l'autre... sexe.

— Bien dit. Si vous acceptiez, il serait en mon pouvoir de vous faire faire la connaissance de jeunes hommes tout à fait respectables et d'un commerce des plus agréables.

— Euh... comprenez... il y a...

— Allons, ne soyez pas si timide, vous me feriez plaisir !

Marie-Laure, confuse, n'osa pas à ce moment introduire Gustave Brazeau dans le paysage. Ils ne s'étaient encore engagés à rien d'officiel l'un envers l'autre et, avec ce recul qu'elle prenait brusquement, elle se voyait mal expliquer ses amours de loin et leurs péripéties vécues presque constamment en différé.

— Puisque vous insistez...

— Vous jouez du piano, naturellement ?

— Moi ? Eh bien, à la maison paternelle, c'est un violon que nous avions...

— Qu'à cela ne tienne, vous jouerez du violon.

— Ah, mais il appartenait à mon père, qui y tenait comme à la prunelle de ses yeux. Je n'ai jamais eu l'audace d'y toucher.

— Comme c'est fâcheux. Les soirées musicales sont parfaites pour les rencontres. Il y en avait justement une ce samedi. Bah, ce sera pour une autre fois, je trouverai bien une autre occasion...

Marie-Laure aurait hurlé. Elle n'était pas à la hauteur! La faute en incombait totalement à cet Isidore Letellier de l'arrière-pays de Cap-Chat, à ce père indigne qui avait toujours refusé un piano à Philomène sa troisième épouse, sous le mince prétexte d'un manque d'argent. Les décisions arbitraires de cet inculte lui retombaient maintenant dessus. Et au couvent, par une fierté mal placée, elle avait refusé tenacement d'apprendre, parce qu'elle ne voulait avouer à personne qu'il n'y avait pas de piano chez elle. Elle était bien avancée...

Dans l'orgueil du désespoir, elle se mit à refuser les invitations de sa directrice et de son cercle d'amis. À elle seule, elle expliqua qu'elle avait décidé de se consacrer quelque temps au piano, faille inacceptable dans son éducation. À même ses modestes émoluments, elle se fit donner des leçons particulières par le professeur le plus coté de la ville. Et tous les soirs sans exception, après avoir corrigé l'orthographe et l'arithmétique de ses élèves, elle se mettait de longues heures au piano de la pension où elle avait élu domicile. Heureusement, c'était l'automne, et les autres pensionnaires pouvaient se réfugier dehors sur la véranda.

À Gustave, elle se contenta de dire que, comme elle s'adonnerait désormais au piano, elle lui écrirait moins longuement et moins fréquemment. S'imaginant que sa belle se préparait ainsi avec ardeur à faire duo avec lui qui jouerait de sa clarinette, il l'encouragea dans ce sens en lui envoyant un petit buste de Chopin en plâtre. Il réclamait déjà un concert.

Au bout de deux mois pénibles, le professeur de Marie-Laure jeta l'éponge. Elle n'avait aucune oreille et ses doigts étaient souples comme une corde à linge en hiver.

— Vous n'y arriverez pas, mademoiselle.
— Le travail ne me fait pas peur.
— Je renonce, vous lancez votre argent par les fenêtres. Achetez-vous donc plutôt un joli phonographe, si vous aimez tant la musique !

Sur le moment, la pilule fut dure à avaler. Elle pleura de rage, en lançant des imprécations contre Gustave, qui avait le toupet de savoir le solfège et de jouer dans une fanfare. Mais la suggestion insultante du professeur remonta à la surface, et Marie-Laure n'hésita plus à faire l'acquisition d'une rutilante machine à manivelle, surmontée de son pavillon acoustique. En confidence, elle demanda au marchand de lui procurer deux ou trois des meilleurs enregistrements.

— Dans le genre valse ou fox-trot ?
— Ne nous égarons pas, monsieur. Je n'écoute que de la musique classique !

Elle fit une rentrée mondaine fracassante. Un maximum de curieux réunis, elle raconta avec humour ses déboires avec le clavier. Chacun se frottant encore les côtes, elle leur offrit, pour compenser son manque de talent, un concert mécanique d'une exceptionnelle qualité. Son nom figurerait à l'avenir dans toutes les listes d'invités : l'on ne pouvait rêver plus charmante, plus ingénue. Et elle avait de l'esprit.

Pendant ce temps, Gustave, qui craignait d'être déclassé lorsqu'il pousserait davantage sa cour, faisait l'impossible pour améliorer sa situation. Il avait eu la naïveté de croire qu'il suffisait d'être télégraphiste diplômé pour le devenir en réalité. L'administration des chemins de fer avait agréé sa candidature tout à fait dans les formes, pour ensuite jeter son dossier sur la pile de ceux qui pouvaient attendre. Décidément, on ne lui ferait pas de cadeau à lui, pas plus qu'à son père Honoré.

Pour tromper son attente, il se rabattit sur l'espoir plus palpable de se voir confirmé dans son emploi de commis comptable. Il fit valoir son rendement, ses diplômes, son souci de perfectionnement. On lui répondit froidement qu'il avait fait la preuve de son ambition, qu'il devrait désormais faire celle de sa patience, et qu'il devait s'estimer heureux d'avoir progressé si vite et qu'on le maintienne là où il se trouvait, car, n'est-ce pas, il était manifestement *overqualified*, donc source possible de malaise. « Let me give you a piece of friendly advice, young man: don't look for trouble. »

Il ne perdrait pas la main, toutefois: après y avoir remis promptement de l'ordre, il s'occupait avec dévotion des livres de la quincaillerie. De temps à autre, il rappelait au propriétaire sa promesse de lui apprendre à tirer.

— Bah, c'est pas dans ton caractère...
— Je tiens parole, moi.
— O.K. On verra. Changement de sujet, le boucher d'en face m'a demandé ce que je pensais de toi...

Outre un quincaillier et un boucher, il y eut dans la clientèle de Gustave un épicier, puis un ferblantier. Les quatre faisaient affaire avec l'Imperial Bank, sise avec majesté dans la rue Principale (Main Street). L'établissement recueillait les dépôts sans sourciller, avec un sérieux très british, mais l'argent manquait toujours pour les marges de crédit et les prêts commerciaux. Et lorsque le boucher, par exemple, avait un léger découvert, on le grevait de *penalties* comme s'il s'était agi d'un dangereux délinquant.

— Ah, soupirait le ferblantier, ils nous manquent pas, quand ils en ont la chance.

— Ah, protestait le quincaillier, les gros bourgeois anglais de Montréal et Toronto financent leurs manufactures à même nos petites économies!

— Mais, se lamentait le boucher, que faire, ils ont un monopole.

— Seigneur, priait l'épicier, faites au moins qu'on ait une autre banque à Mont-Joli!

Gustave écoutait attentivement leurs doléances et leur disait ce qu'il savait des lois bancaires du *Dominion du Canada*. Ses clients l'appréciaient de plus en plus.

Avant qu'il ait pu lui proposer quoi que ce soit, Gustave apprit que Marie-Laure, ayant des obligations à Sainte-Anne pour les fêtes de fin d'année, ne pourrait le retrouver à Mont-Joli s'il l'invitait, et encore moins à Cap-Chat où elle n'avait aucune envie de remettre les pieds. « Une qui pense à vous », avait-elle signé sans trop se commettre.

— Quelles obligations?! n'avait pu s'empêcher de s'exclamer Gustave, qui avait rêvé de cette rencontre avec une si grande ardeur. Elle va me voir arriver, et ce sera pas long!

Ce furent de bien singulières journées. Jouant de ce qu'il était matinal, Marie-Laure acceptait de donner le bras à Gustave pour de longues promenades solitaires dans la neige à l'aurore. Avant onze heures, elle se déclarait épuisée et rentrait dormir tout l'après-midi.

Ensuite de quoi, elle se pomponnait pour la réception nocturne chez madame Thibault, qui s'entremettait pour elle avec une franche délectation.

— Laure, voici Laurent Duval, un ténor magnifique. Vous avez des prénoms siamois, tous les deux ! Méfiez-vous de lui, il est irrésistible ! Je vous laisse...
— Monsieur...
— Mademoiselle...
— Le bien que l'on pense de vous...
— L'on est trop bon pour moi.
— Ainsi vous chantez ?
— Cela m'arrive.
— Et quand vous ne chantez pas ?
— Il m'arrive de faire ma part dans le négoce familial.
— Tout vous « arrive », on dirait. Quelle sorte de négoce ?
— Petite curieuse ! Est-ce donc si important ?
— Dites toujours.
— Mon père est marchand de bestiaux.
— Ah... bien... Très heureuse de l'apprendre. J'ai horreur de ces activités de bouseux ! Coupons court. Continuez de soigner votre voix suave.

Gustave se hasarda à remarquer :
— Vous êtes si belle le soir, est-ce que nous ne pourrions pas...
— Tut tut, vous allez abuser des compliments. Je vous l'ai dit, tous les soirs, je suis de corvée auprès de la directrice de mon école. Impossible de me désister, ce serait lui faire affront.
— Si j'y comprends quelque chose...
— Madame Thibault est dans les œuvres sociales, je l'assiste.
— Toute la nuit ?
— C'est l'esprit des fêtes.

— En somme, je suis votre occasion de prendre l'air.

— Votre dépit me fait de la peine. Comme si je passais toutes mes nuits dans la dissipation !

— Vous passez votre temps à quoi, alors ?

— Vous me soup... Tiens, nous causons, quelle affaire !

— Et les jambes ne vous engourdissent jamais ?

— Très peu souvent.

— Et dans ces cas si peu nombreux, que faites-vous ?

— Je... Ceux qui ne peuvent pas faire autrement dansent.

— Je l'aurais parié !

— À vous montrer jaloux, vous allez vous rendre insupportable.

— Je retourne à Mont-Joli. Jusqu'au premier février, j'attendrai de vous un mot qui manifestera de votre part de meilleures dispositions.

— Attendez, mais ! Vous partez pour de bon, cruel ?

Emma Thibault n'avait pas ménagé ses efforts. Tour à tour, elle avait présenté Marie-Laure aux garçons les plus séduisants sinon les mieux nantis, qu'elle se réservait. Changeant tous les soirs de compagnon, Marie-Laure les soumettait à des enquêtes en règle sur leurs origines familiales, leur instruction, leur situation, leur religion. La nuit aidant, tous finissaient par avouer leurs petits défauts, leurs failles, leur médiocrité. S'ils poussaient malgré tout l'audace jusqu'à l'inviter à danser, elle refusait net en prétextant qu'elle n'était pas meilleure danseuse que musicienne. C'est dire si le départ précipité de Gustave l'avait fait crier intérieurement à l'injustice... Toute jeune fille d'une certaine société devait savoir ce que c'était que d'avoir des cavaliers. Dans sa situation, c'était une expérience incontournable. Gustave aurait pu comprendre sans faire d'histoire...

Le 3 janvier, elle déchanta. Las de tant de célébrations, conscients de la fin d'un cycle, les hôtes de madame Thibault réglaient leurs comptes. Envolée leur politesse de convention, ils faisaient sans ménagement les uns sur les autres des commentaires pur vinaigre. Si la blonde Laure n'y passa pas comme les autres, elle ne perdit rien pour attendre. Avant que chacun rentre chez soi, le magnifique Laurent Duval, à même une cassette de métal et d'après un registre, remit, au nom des uns et des autres, deux dollars, ou trois, ou cinq, à madame Emma.

— Et moi ? Est-ce que je ne dois pas vous donner quelque chose moi aussi ? protesta Marie-Laure qui, même sans comprendre, n'entendait pas être laissée pour compte.

Les figures se firent davantage maussades. Il y avait de l'hostilité dans l'air.

— C'est plutôt moi qui devrais, finit par lâcher madame Thibault.

— Je ne vois vraiment pas...

— Vous avez fait perdre de belles sommes à cette bande d'imbéciles. À mon profit.

— Pardon ?

— Ils ont voulu parier.

— Sur quoi ?

— Mais sur vous, évidemment !

— Comment ? Attendez, je comprends de moins en moins !

— Oui, parier que l'un ou l'autre de ces mirobolants messieurs réussirait, avant aujourd'hui, à vous… circonvenir. Viendrait à bout de votre vertu, quoi !

— Je… Ce n'est pas possible, vous avez été si bonne pour moi !

— Nigaude que vous êtes, sans le savoir, vous m'avez plus qu'abondamment payée de retour !

— Quelle honte !

— Vous vous en remettrez. L'on revient de tout à votre âge.

— Attendez que j'en parle à mon confesseur !

— Cela vous ferait une belle jambe ! Il vous prendrait pour une délurée, ce que vous n'êtes pas.

Marie-Laure sut rester discrète, mais elle perdit l'appétit. Elle chipotait à peine dans son assiette ; la dame de la pension reportait tristement son généreux fricot à la cuisine en hochant la tête. Une semaine de ce régime, et elle s'inquiéta. Quelle pitié de voir petit à petit s'étioler la belle institutrice ! Cela ne pouvait s'éterniser, le blâme retomberait forcément sur elle, qu'on accuserait de servir à sa table des plats si peu alléchants que certains préféraient n'en pas manger. Songeant à quelque chagrin d'amour, fine psychologue, elle voulut créer une diversion en favorisant, avec subtilité croyait-elle, des rapprochements qu'elle décourageait d'habitude. Entre Marie-Laure et un autre pensionnaire, représentant en bijouterie affublé sur le front d'une grosse mèche filasse qu'il regominait à tout propos, il ne s'établit aucune complicité, une vague sympathie à peine. En revanche, ils échangèrent beaucoup de remarques anodines sur la pluie et le beau temps.

Marie-Laure souhaitait qu'on la laisse en paix et le fit sentir. Déjà qu'elle se contraignait à l'extrême pour retourner jour après jour à l'école, où l'attendaient les mines doucement ironiques de cette directrice qu'elle avait prise pour une femme du monde.

— Écoutez, mademoiselle, votre logeuse m'a alertée. Si vous voulez mourir d'inanition, je vous trouverai un hospice, loin des fillettes dont vous avez la charge.

— Oh, mes enfants! Vous n'allez pas m'enlever mes enfants?!

— Sentimentale et pleurnicharde par-dessus le marché, hein? Je vous ai confié un travail, vous vous en acquitterez ou vous irez vous faire plaindre ailleurs.

Marie-Laure ravala ses larmes et son ressentiment, porta la tête haute pour compenser et se remit passionnément à instruire ses benjamines.

— J'ai l'impression d'être abandonnée de Dieu, soupirait-elle à son confesseur qui s'y perdait complètement.

— Priez, mon enfant, priez.

— J'en ai perdu le goût.

— Vous serait-il arrivé...

— Rien. C'est comme ça. Bénissez-moi, je reviendrai la semaine prochaine.

Elle se consola lentement, mangea plus, pria davantage. Bien avant le terme de l'ultimatum, elle acheta pour Gustave un valentin tout enrubanné de rouge. «Mon *grand* et loyal Ami, je ne vous ai pas traité comme vous le méritiez. Saurez-vous jamais me pardonner?»

Il ne demandait que cela, Gustave. Elle s'absenta de son école du treize au quinze février, pour se rendre à l'invitation des Brazeau, qui la trouvèrent ravissante. Alma seule lui tirait la langue. Elle ne s'en formalisa pas outre mesure, Gustave l'ayant prévenue.

— Ma chérie, lui murmura-t-il dans un moment d'intimité, vous savez maintenant que les papillons, quelle que soit leur splendeur, ne doivent pas approcher la flamme de trop près.

— On ne m'y reprendra plus. Vous n'aurez plus besoin d'y revenir.

— Il serait peut-être temps que nous fassions des projets ?

— Ah, que vous êtes bon d'en parler malgré tout !

— Si nous nous décidions, mes parents accepteraient de nous héberger au début...

— Vous les remercierez de notre part. Je préfère ne pas habiter chez les autres, malgré l'estime que je porte à vos père et mère.

— Ce sera un peu juste pour nous établir tout de suite.

— Ah, parce que vous n'êtes pas... vous n'avez pas...

— Hélas, pas encore suffisamment, malgré mes efforts.

— Alors, prenons notre temps, épargnons.

— Je me languis sans vous !

— Et moi sans vous.

Georgiana, qui voyait leur ardeur, les mit à leur aise :

— Pas besoin que vous teniez maison à ma place, je suis en pleine forme. Et vous n'êtes pas obligés de rester avec nous. Mais, tous les deux comme vous êtes, vous devriez vous fiancer au plus vite !

— La Gaspésie est loin, soupira Marie-Laure, et mon père, je ne sais pas si...

— Nous pouvons très bien organiser nous-mêmes la fête, ici à Mont-Joli. Pourvu naturellement que ça ne froisse pas vos parents.

— Permettez que je réfléchisse encore un peu avec Gustave ?

Elle était consentante, mais elle s'inquiétait de la durée de leurs éventuelles fiançailles. Combien de temps leur faudrait-il pour amasser un pécule assez conséquent ?

— Je refuse des clients, pour la comptabilité...

— Et vous n'avez plus une soirée de libre, c'est déraisonnable.

— J'abandonnerai la fanfare.

— Et la clarinette dont vous jouez si bien ? Non. Moi, par contre, je pourrais devenir vendeuse le soir.

— Et vous ruiner la santé ! Je ne tarderai pas à devenir télégraphiste...

— Comme vous êtes devenu administrateur après votre cours commercial ? Oh, pardonnez-moi, j'ai été un peu vive...

— Vous êtes dure, mais vous n'avez pas tort. Souvent, je me reproche de tourner en rond.

— Qu'importe. Si vous désirez autant que moi que nous soyons fiancés...

— Donnons-nous encore six mois.

— Avec droit de visite ?

Honoré comprit leurs motifs et louangea leur sagesse. Georgiana eut le cœur gros. Alma fut soulagée du sursis inespéré.

XIV

Une fin d'après-midi du mois de mars, dans la lumière éblouissante d'un soleil qui chatoyait au-dessus du velours friable des cristaux de neige fraîche, Isidore Letellier redescendait de ses bois à grandes foulées égales de ses raquettes de babiche. Il avait dédaigné de reprendre la piste qu'à la montée il avait déjà battu obliquement sur la pente, pour aller relever ses collets. Il allait droit devant, indifférent aux dérapages, heureux d'aspirer l'air piquant à pleins poumons et de rapporter dans sa gibecière de toile deux lièvres dont la fourrure délicate, désormais inutile au camouflage, servirait à confectionner des moufles pour quelqu'un de la maisonnée. Clignant des yeux, Isidore observa avec satisfaction que la cheminée fumait en volutes régulières et que les tronçons de clôtures qui affleuraient dans l'étendue blanche n'avaient pas penché sous les attaques conjuguées du gel, du vent, de la neige, du verglas. Il approchait de la remise lorsqu'il vit Philomène sortir en tablier sur la galerie.

— Approche, dépêche-toi !

Il dénoua ses raquettes, les cogna l'une à l'autre pour les libérer de leur neige durcie et les accrocha au mur dans la remise, près de la porte, sans cesser d'interroger sa femme du regard.

— J'ai deux beaux lièvres !
— Et moi, c'est des nouvelles que j'ai ! Arrive !
— Rentre, tu vas t'enrhumer, il faut que je les écorche.
— Je le ferai plus tard à ta place. Viens enlever tes mocassins que je te raconte !
— Ça presse pas comme une cassure, non ?
— On a reçu une lettre !
— C'est pas la première fois.
— Pour des fiançailles !
— C'est pas la première fois non plus.
— Ce que tu peux être terre à terre ! Les Brazeau nous invitent, pour Marie-Laure et Gustave !
— Hein ?! Ça parle au torrieu ! Crains pas, je te rejoins, pis vite !

Il avait jeté là son gibier et suivi Philomène dans la cuisine. Maintenant, il la pressait de questions. Pourquoi avait-elle laissé tramer ça dans son dos à lui ? Pourquoi est-ce que les Brazeau se mêlaient de faire les invitations ? Pourquoi est-ce que ça devrait se passer à Mont-Joli ? La fiancée était-elle par hasard orpheline ?

— À part ça, j'ai pas confiance.
— Veux-tu bien me dire de quoi tu parles ?
— Marie-Laure, se fiancer...

— Elle a pas le droit, peut-être ?
— Son prétendant, elle va le rendre malheureux.
— Des bêtises ! C'est pas parce que tu t'entends mal avec elle...
— Moi ? Je m'entends parfaitement avec elle, c'est elle qui...
— Tu vois, la preuve, tu recommences encore une fois.
— Tu veux pas me faire accepter l'offre insultante de ces Brazeau ! ? Ils nous prennent pour des pauvres ou quoi ?
— Monte pas sur tes grands chevaux, ils sont quand même très attentionnés d'y avoir pensé.
— Oui, pour satisfaire les caprices d'une maîtresse d'école qui lève le nez sur les siens !
— On va leur dire qu'on refuse, alors ?
— Ben certain. Ça va se faire comme il faut ou ça se fera pas. Dis-leur que de coutume, c'est dans la maison paternelle de la promise qu'on célèbre les fiançailles. Et, et mon notaire de Cap-Chat est aussi bon que le leur ! Y a toujours des limites !

Les négociations furent longues et ardues. Désolé de la tournure que prenaient les événements, Gustave suggéra que les deux familles partagent les frais à part égale et que la réception soit donnée à Sainte-Anne-de-la-Pocatière, nouvelle résidence de la fiancée. Sans beaucoup d'enthousiasme, on accepta ce compromis. Marie-Laure eut la réaction la plus positive : on lui avait cédé, et tout ce qui venait de son cher Gustave lui paraissait judicieux.

Et elle aurait le temps de se rabibocher avec Emma Thibault et sa meute, à qui elle montrerait qu'elle n'était pas en peine d'amoureux, et qu'elle utiliserait pour donner plus de panache à la cérémonie. Imelda, Ghislain et les autres, Philomène, Isidore, tous verraient de leurs yeux ébahis comme on l'appréciait hors de sa bourgade natale, comme elle avait avancé dans la société.

Pour l'occasion, elle irait à la boutique de monsieur Abousafi, le tailleur « pour hommes et dames » du tout Sainte-Anne. Avec Gustave, un jour qu'il serait là. Gilet boutonné, manches retroussées, la mesure au cou et quelques épingles dans la bouche, il leur ferait choisir des tissus qu'il draperait sur son avant-bras afin qu'ils puissent juger de l'effet. Il prendrait le tour de hanches, le tour de poitrine, le tour de tout. Et avec circonspection, déférence, il passerait une heure entière à les persuader que le prix qu'il leur consentait, uniquement parce que c'étaient eux, uniquement parce qu'ils allaient se fiancer, était le meilleur du pays. Après un pleur d'attendrissement, il leur chuchoterait en confidence qu'il s'était laissé emporter à un tel point par l'émotion qu'il ne savait plus très bien où il en était. Sans doute perdrait-il de l'argent avec eux. La commande enfin passée, il rangerait prestement son carnet dans le premier tiroir de son secrétaire, offrirait le thé ou une boisson fraîche. Sur le trottoir, il saisirait leurs mains dans les siennes en soupirant d'avance de leur future ingratitude. Après des essayages sans nombre, après tout ce travail à vil prix, ils le laisseraient tomber comme une vieille chiffe, ils ne lui feraient même pas l'amitié d'une visite rapide en passant. Ah, les gens étaient tous les mêmes ! Pourquoi donc avait-il quitté la Syrie ? Ah, encore un coup de tête, encore un coup de cœur... Abousafi l'incorrigible sentimental !

Pendant que Marie-Laure préparait le terrain des réjouissances en vantant le caractère, l'avenir et les diplômes de Gustave, ce dernier surveillait du coin de l'œil chacun des sacs de courrier qui parvenaient à la gare. Landry, son chef, observait son manège en hochant la tête : les jeunes, ça veut tout, tout de suite. Le télégraphe, c'était sérieux. À vingt ans, lui, il n'en connaissait même pas l'existence. Le jeune Brazeau pouvait attendre d'avoir trente ans...

Gustave n'avait pu se retirer de la fanfare, tant on avait protesté quand il en avait parlé. Après le concert du 24 juin, le grand feu de la Saint-Jean éteint, il était rentré chez lui à pied, dans la belle nuit tiède et odorante, en compagnie d'un joueur de trompette, par ailleurs maître de poste à Mont-Joli.

— Pourrais-tu me dire, Veilleux, comment tu as fait pour être nommé directeur de notre bureau de poste ?

— Facile, t'as qu'à me regarder : le talent, le mérite, c'est moi !

— J'ai étudié, je travaille de mon mieux...

— T'es peut-être trop sérieux. À dire la vérité, j'ai surtout eu la chance que le député dise un bon mot en ma faveur.

— Tu connais le député ?

— Son fils. On était dans le même bataillon.

— L'armée... Ça fait drôle d'en parler justement à la Saint-Jean-Baptiste.

— Je suis aussi patriote que toi.

— Mais tu as servi dans une armée de colonie anglaise.

— Toi, tu travailles pas dans des chemins de fer d'Anglais ?

— En attendant mieux.

— Quand le service postal sera aux mains des Canadiens français, je vais virer mon capot de bord comme tout un chacun. J'ai l'âme à la bonne place.

— Je sais, Veilleux, je sais. En attendant, moi, je croupis dans un petit emploi.

— T'es tellement compétent que tu leur fais peur. Montre-leur que tu peux être un peu de leur bord.

— Comment ? Bah, j'en ai pas envie.

— Alors, prouve-leur ta loyauté à la Couronne.

— Au gouvernement des envahisseurs, jamais !

— Fais semblant, voyons. Deux, trois mois, pas plus. Entre dans la réserve. Avec tes études, ils vont te mettre officier en arrivant, ils auront pas le choix. Sers-toi du système.

— L'armée va me promouvoir télégraphiste ! Où est le bon sens dans tout ça ?

— Pas si loin. Tu demanderais d'être affecté au Signal Corps. Tu seras dans la transmission de messages, dans le sémaphore...

— Beuh, le sémaphore, à l'époque du morse ! Moderne, ton armée !

— Si tu veux pas, je te force pas.

— J'y penserai. Merci.

L'idée fit son chemin. Gustave finit par en parler au quincaillier.

— Toi qui voulais apprendre à tirer, c'est l'idéal !

— Ça ferait votre affaire, vous seriez pas obligé de tenir promesse.

— Admettons. Mais ça te ferait voir ce que c'est. Aucune inquiétude. De Grande Guerre, jamais plus il y en aura, ils se sont assez entre-tués en Europe, ils ont compris.

— Ouais. En tout cas, j'ai aucun désir d'aller me battre au Bengale ou au Soudan pour défendre l'Empire britannique.

— Chose certaine, si les Canadiens français étaient contraints d'aller en guerre, vaudrait mieux qu'ils aient des officiers canadiens-français.

— Ça, peut-être... Et votre comptabilité ? Et celle de vos amis ? Vous avez l'air de penser que vous pourriez vous passer de moi !

— Oh non, non, non ! Je te le répète une millième fois : tu es indispensable pour nous. Mais on s'arrangerait, tu nous préparerais les livres d'avance, tu nous laisserais des instructions, on commence à être rodés...

— En plein comme un moteur de Ford ! Vous, au moins, le progrès vous fait pas peur.

— Faut que je m'habitue aux mots, j'ai commandé un petit camion pour le magasin...

— Tout seul, à la sauvette.

— Pour te faire une surprise. Tes calculs m'ont prouvé que j'en ai les moyens.

— En tout cas, vous me rendrez pas responsable quand vous aurez des pannes.

Gustave reporta toute décision concernant l'armée après ses fiançailles du mois d'août. En guise de préparation et pour tromper son attente, il se mit à jouer aux noces des autres, le samedi. Il faisait danser, danser à perdre haleine. Dans le tourbillon joyeux de tous ces couples enlacés, il voyait préfiguré le bonheur suprême d'une valse avec Marie-Laure et les remous exaltants d'une vie adulte qu'il voulait pleine. Il rentrait la chemise moite au petit matin et, comme il n'avait pas sommeil, il s'installait sur la galerie dans une chaise berceuse. Le fleuve l'éblouissait de ses reflets argentés, qu'il scrutait jusqu'à y apercevoir le bleu-gris des yeux de sa promise. Alma le guettait derrière un rideau et venait lui souffler à l'oreille, lorsqu'il était assoupi, des chapelets de mots doux qui le faisaient sourire béatement.

Un dimanche de fin juillet, Gustave emprunta le camion de la quincaillerie. Il se rendit seul à la plage de Métis, renouer avec son enfance. La marée était basse, l'odeur fétide l'incommoda. Il chercha des yeux quelque grand chien roux en vadrouille. Il n'entendit que les grognements hargneux d'un bulldog à la chaîne. Il ne se baignerait pas. À la même heure que toujours, les protestants envahirent la plage en échangeant des cris aigus en anglais. Gustave avait déjà lancé le moteur du camion pour repartir.

— Hey, Brazoo! lui cria-t-on de loin. Wait for me, you jerk!

Gustave serra le volant d'une poigne de fer et mit en marche arrière.

— Remember me, buddy? claironna une voix essoufflée qui se rapprochait. I'm your old pal from college! Won't you say hello?

— O'Rourke, dit posément Gustave en remettant au neutre. Tu parles plus français maintenant?

— Chut, dit-il en sautant sur le marchepied. Ils sont pas au courant!

— T'as honte de savoir parler français?

— Non, tu mélanges tout. Je me suis marié à une Smith de Kingston, ça fait que...

— Oui. T'as plus besoin de nous autres. Son père a dû t'engager comme contrôleur...

— Comment tu sais ça?! Toi, qu'est-ce que tu fais à présent?

— De la clarinette.

— Ah! Euh, c'est une joke! Elle est bonne! Tu travailles pas à Québec? Qu'est-ce que tu fabriques dans un camion de quincaillerie. Pas des livraisons, toujours?

— O'Rourke, t'es devenu snob par-dessus le marché. J'ai des contrats de comptable, je travaille au chemin de fer.

— Chef de gare comme ton père, dis-moi pas!

— Commis.

— Odd jobs, you should have stayed away from that. It's not for you.

— Je n'ai pas eu le choix.

— Tu veux que je parle au beau-père Smith? C'est pas si mal le lac Ontario.

— Trop loin, merci. Si les choses ne s'améliorent pas, je m'en irai dans l'armée.

— Ah, tu serais bon, sportif comme tu es, mais... Tu vas trouver quelque chose, c'est sûr! Et les amours?

— Je suis moins avancé que toi. Je me fiance le mois prochain.

— *Wow!* Tu m'invites, je serai ton *best man*. Je repars pas de Métis avant le début de septembre, on est en vacances de famille, j'ai le temps! Ma femme est déjà partie aux framboises, j'aurais bien voulu te la présenter. Une beauté pleine de *freckles*! Une autre fois... Tu repars tout de suite?

— J'ai promis de rapporter le camion avant onze heures. Salut O'Rourke.

— Donne-moi des nouvelles. Hey, I really wish to meet your bride-to-be!

Les fiançailles eurent lieu à Sainte-Anne comme prévu. O'Rourke ne répondit pas à l'invitation.

XV

— Elle m'a mordu! s'écria Gustave en étanchant le sang sur sa lèvre.
— Alma, s'indigna Honoré, qu'est-ce qui te prends?
— Sa belle chemise de noces! se lamenta Georgiana.
— Pas grave, il faisait juste l'essayer. Ça se lave.
— Marche dans ta chambre! éclata Georgiana. Espèce de sans génie!

Trop tard, Honoré avait levé la main pour stopper des paroles qu'il pressentait fatidiques. Alma en avait tressauté comme si elle avait été atteinte par un projectile; les bras dressés en parallèle le long de sa tête, elle s'était arquée d'un seul coup dans la posture d'un plongeon périlleux; puis elle s'était pelotonnée un instant avant de bondir vers l'étage en jetant un cri rauque.

Anxieux tous les trois, ils entendirent une porte claquer, se regardèrent. Georgiana fondit en larmes :

— C'est ma faute, j'étais trop fâchée. Elle va me haïr !

— Pauvre petit chou, soupira Honoré, les émotions lui sortent par les oreilles !

— Ça lui passe par les dents aussi, rectifia Gustave qui se frottait encore la lèvre. Ne vous en faites pas, je vais voir si je pourrais la consoler.

Alma avait barricadé sa porte et ne répondait pas aux avances de son frère. De guerre lasse, celui-ci glissa un mot, qu'elle repoussa sans un regard.

— O.K., je m'en vais. Je veux seulement que tu saches que maman ne pensait pas vraiment ce qu'elle a dit. Tu m'entends ?

— Ouin, dans ce cas-là, c'est une sans génie elle aussi ! Arrêtez de m'achaler !... Ça saigne encore ?

—Non, c'est fini. Je descends.

Il ne restait que dix jours avant le mariage et les Brazeau étaient sur la brèche. Georgiana tenait à ce que son fils brille de tous ses feux et s'occupait du moindre détail de son apparence avec un sérieux dont se divertissait Honoré. Elle avait tenu à s'assurer la présence de toute la famille, de son côté comme du côté de son mari, jusqu'aux petits-cousins. Honoré avait lancé des allusions aux notables. Mais les rengaines et les ronds-de-jambe du vieux maire Gaby Saucier n'intéressaient personne : il fut exclu. Le curé, lui, était nouveau, mais il s'appelait Dieudonné Prégent et Marie-Laure ne voulut de lui sous aucun prétexte. Les commerçants dont Gustave faisait la comptabilité trouvèrent aisément grâce aux yeux de tous.

— Il me semble, dit Honoré qui se grattait la tête, que pour les notables, l'équilibre laisse encore à désirer. Vous ne pensez pas ?

— Qui d'autre ? demanda Georgiana. Tu ne veux certainement pas qu'on invite le pasteur du temple de Métis !

— Ma vlimeuse, toi ! N'oubliez pas que Mont-Joli compte un certain nombre de personnes dont la fonction fait la dignité.

— Pas les marguilliers avec qui tu joues aux dominos ? s'enquit Gustave.

— Il y a d'autres dignités que celle de la religion. Le progrès, l'industrie...

— Le revoilà avec ses obsessions, remarqua Georgiana. Attendez, ah ! J'ai compris, il veut mettre monsieur Landry à la place d'honneur.

— Mon chef de gare, non ! éclata Gustave.

— Qu'est-ce que tu as contre eux ?

— Eux ?

— Les chefs de gare. Moi...

— Toi, tu as été parfait. Landry, lui, s'est trop moqué de moi depuis que j'écris à Marie-Laure.

— J'insiste. C'est une question de principes.

— Je serai obligé d'inviter tous les autres.

— En tant que nouveau télégraphiste, tu es le numéro deux. Tu mettrais tes inférieurs dans l'embarras.

— Ils ont été mes compagnons de travail. D'ailleurs, si je savais où le retrouver, j'inviterais aussi bien Luigi, le Calabrais de ma brigade d'entretien à Kedgwick.

Avant même que l'on songe à eux, les membres de la fanfare avaient unanimement décidé de faire honneur à leur clarinettiste et secrétaire-trésorier, et d'assurer l'animation musicale. Bérubé, le major, avait pour l'occasion fait remplacer les brandebourgs de son uniforme, astiquer les cuivres et renouveler les glands et cordelettes des tambours.

Alma s'était tenue coite tout au long de ces délibérations. Elle affectait de regarder par la fenêtre ou scrutait fixement le bout de ses souliers.

— Vous avez fini? demanda-t-elle avec une lueur louche dans l'œil. Comme ça, vous avez fini... Ah ah, mon frère pisse sur l'armée de réserve, il pisse dessus!

Elle ne manqua pas son petit effet, l'attention se braqua sur elle. Personne n'osait dire mot.

— J'en étais sûre! Ça fait trois ou quatre semaines que j'en parle avec mon amoureux.

— Qui donc?

— Devine, Gustave. Un officier comme toi. Quand on parle de toi, nous deux, on dit que tu te fiches de l'armée. Nous, dans l'infanterie, on pense que ça vaut rien, la réserve. À la fin de notre permission, on va pas se gêner pour en parler au régiment.

— Sœurette, tu me fais marcher...

— Il était dans ton équipe de base-ball, au collège de Lévis.

— Hein?!

— Pourquoi un joueur de base-ball s'intéresserait pas à moi?

— Dans l'équipe, j'étais le seul de Mont-Joli.

— Il est en vacances. Chez sa tante Marcelle. À Mont-Joli, hi!

— Cousu de fil blanc.

— Cadorette!

— Lui! Eh ben... Il était parti aux États-Unis, il voulait devenir professionnel du base-ball.

— Il y est allé. La preuve: il parle mieux anglais que toi. Il a été dans la police de Boston avant de revenir. Un beau grand gars fort!

— Vous pouvez dire ce que vous voulez, j'ai fait mon temps dans la réserve, j'irai pas plus loin. Dans l'armée royale britannique du Canada, il y a encore plus d'injustices que dans les chemins de fer. Cadorette va se faire enfirouaper comme les quelques autres naïfs qui se sont essayés avant lui.

— Il est plus fin que ça. Il me trouve *cute*.

— Maudit torrieux!

Gustave était d'autant plus indigné des perfidies de sa sœur qu'il se sentait honteux d'avoir dû recourir à ce détour humiliant pour avoir le droit de faire carrière « normale » au Grand Tronc. On venait tout juste de le nommer télégraphiste remplaçant. Mais jusqu'où devrait-il s'abaisser pour décrocher enfin le poste dont il rêvait depuis la fin de ses études? Il se savait compétent en chiffres et parfaitement capable d'administrer des budgets importants. Quand l'heure allait-elle sonner?

C'étaient des préoccupations qu'il voulait à toute force chasser de son esprit pour l'instant, car le grand jour approchait et il s'était chargé lui-même de la coordination des déplacements et du suivi de la correspondance. Il y avait des Letellier à Cap-Chat, à Matane, dans la Beauce et sur la côte de Beaupré. La famille de Philomène, les Dupuis d'Amqui, avait surtout essaimé dans la vallée de la rivière Matapédia, à partir de la souche de Nicolet et des Bois-Francs. Il avait fallu convier des Brazeau de Vaudreuil, à l'ouest de Montréal, et pour Georgiana des Gilbert de la Mauricie. Les réponses étaient rentrées dru, certaines assorties de suggestions ou de rappels. Avait-on pensé à ceux de Saint-Boniface, de Moncton, de Sturgeon Falls? Et à ceux du Connecticut? Les cousins éloignés aimaient être tenus au courant même s'ils étaient empêchés de venir; dans leurs missels, les faire-part servaient de signets. La diaspora française d'Amérique aimait se tenir les coudes.

Presque indifférente aux Letellier, Marie-Laure s'était réservé le Grand-Fonds-de-Cap-Chat, Sainte-Anne-de-la-Pocatière et Saint-Pascal-de-Kamouraska. Au contraire de Gustave qui avait été assez large, elle avait trié ses invités sur le volet, parmi les parents de ses élèves, ses anciennes consœurs, ses relations nouvelles. À ses amies du couvent, elle avait demandé de former une suite dont l'élégance vaporeuse éblouirait la galerie. « En souvenir de nos fantaisies du mois de Marie. »

Heureusement, le boucher, le ferblantier, l'épicier, le quincaillier se rendirent compte à temps du danger qui menaçait l'entreprise, devenue pour le moins colossale. Les deux familles, qui avaient rivalisé de largesses dans la préparation de la fête et les cadeaux de noces, risquaient la ruine si on ne les aidait pas un peu. Les commerçants plaisantèrent Gustave, dont la rigueur comptable les avait fait naguère suer sang et eau.

— T'as perdu ton boulier, on dirait...

— Elle est tellement belle! leur soupirait-il inlassablement au nez.

En un rien de temps, ils montèrent un tirage « au profit d'œuvres familiales », dont ils vendirent les billets dans leurs établissements et dans ceux des autres clients de Gustave, qui l'avaient tous en haute estime. Le lot à gagner était un bon d'achat de deux cents dollars. Devant la surprise, la joie, la confusion de Gustave, ils se contentaient de dire:

— Inquiète-toi pas, le secret sera bien gardé. On le fait pour ton père aussi, qui a toujours été un homme droit. Toi, tu vas t'arranger pour nous éviter les problèmes avec l'impôt. Et, sais-tu une chose, le tirage attire les chalands, notre chiffre d'affaires augmente... Ça t'en bouche un coin, non ?

Ainsi, de partout au Québec, l'on affluerait à la noce. La messe de mariage se célébrerait en la chapelle du couvent de Saint-Pascal; la fête aurait lieu en plein air, à la grotte miraculeuse du sanctuaire de la Vierge. Sœur Sainte-Suzanne avait expulsé les religieuses de leurs cellules pour les consigner dans le dortoir des élèves. Certaines avaient protesté, alléguant la règle de la communauté. Elle avait balayé les objections en disant qu'il fallait bien faire expier les beuveries, inévitables en pareilles circonstances, par quelques heures d'inconfort sur une paillasse dure dominée par un bon crucifix. Le petit déjeuner du lendemain se prendrait au jardin de chèvrefeuille.

Les fourneaux ne dérougirent pas de quinze jours, activés par des essaims de sœurs converses qui suaient à grosses gouttes dans la canicule du mois d'août et se chatouillaient leurs joues rouges de larmes enthousiastes. Le couvent tout entier pavoisait, sous l'œil goguenard des villageois qui, humant l'odeur douceâtre des grasses pâtisseries, chuchotaient que les saintes femmes se dévergondaient.

Sœur Sainte-Suzanne officia tout autant que l'aumônier. Elle le flanquait sur sa droite avec une prestance de châtelaine qui aurait tenu sa cour. Une demi-heure avant, elle avait chapitré Gustave, lui avait expliqué comme à un rustre la fragilité des jeunes filles en général et les dons extraordinaires de Marie-Laure en particulier.

— L'on me rapatrie à notre maison mère de Nantes pour ma retraite, mais si vous vous conduisiez mal en quoi que ce soit envers mon amie, soyez assuré que je le saurais et que je ne tarderais pas à revenir ici vous demander des comptes. Si je mourais, ce serait pire encore: je reviendrais vous hanter.

Les anneaux furent échangés, et le baiser. En coordination parfaite, pstouf! Alma succionna de ses lèvres celles de son cavalier du moment, qui aurait voulu rentrer sous terre. Les sœurs converses pleurèrent comme des Madeleine, les autres avec davantage de retenue. Emma Thibault lançait à la ronde des œillades entendues. Le bonhomme Delarosbil passa son temps à se moucher, et la grosse Françoise à soupirer. La ribambelle des Perron semblait frappée de stupeur. Isidore serra la main de Philomène dans la sienne, tandis que Georgiana attachait son regard brouillé à la nuque d'Honoré. Les chants de la manécanterie de l'évêché, puissamment soutenus par les orgues et les instruments à vent de la fanfare, firent trembler les voûtes.

Pour le repas, Gustave avait demandé à Marie-Laure de laisser flotter ses longs cheveux blonds sur ses épaules. Elle défit lentement ses nattes avec un sentiment aigu d'irrémédiable. Elle apparut, on l'applaudit. Chacun s'approcha pour l'embrasser. Elle ne se déroba même pas à Ghislain, à Imelda ou aux autres de sa famille. À son père Isidore, elle tendit une joue point trop revêche.

Déjà, elle avait basculé dans un autre monde, elle allait partir, elle était partie, le train de son voyage de noces l'emportait avec Gustave. Leur existence était à eux.

XVI

Depuis peu en Amérique du Nord, les employés des chemins de fer voyageaient gratuitement sur tout le réseau. Marie-Laure et Gustave avaient décidé d'en profiter. Malgré les invitations pressantes, ils ne rendraient pas visite à la parenté. Pourquoi voir les mêmes personnes deux fois d'affilée, aux noces et chez eux ? Ils ne sacrifieraient pas à ces vieilles coutumes désuètes. Plutôt, ils étaient avides de faire l'expérience de ce *tourism* que les affiches vantaient en anglais. Et ils voulaient voir des villes, des usines, des gratte-ciel.

Ils s'arrêtèrent une nuit à Québec, que Marie-Laure ne connaissait pas encore. Bénéficiant de tarifs avantageux, toujours à cause des chemins de fer, ils descendirent à l'hôtel Château Frontenac, dont les fantaisies néo-gothiques dominaient, depuis un site grandiose, le fleuve en face de Lévis. C'était la première fois que Gustave pouvait contempler son ancien collège de haut. Il le trouva gris, massif, trapu, petit. On n'arrivait même pas à distinguer le terrain de base-ball !

Par des accointances dont il avait joué à fond, monsieur Landry leur avait obtenu une chambre en façade, avec lit à baldaquin. Marie-Laure, sans avoir enlevé ni ses gants ni son chapeau, était tombée en arrêt devant ce vaste meuble dont elle quadrillait l'étendue avec une timidité touchante.

— Il n'y a même pas d'image sainte ! avait-elle laissé tomber machinalement, la tête ailleurs.

Gustave l'appela à la fenêtre. Les croix ne manquaient pas, avec tous les clochers qu'on pouvait apercevoir.

— Ah ! cria-t-elle, pas trop près, j'ai le vertige !

— C'est un peu tard pour un pareil aveu...

— Mais...

— Si j'avais su : un cas d'empêchement au mariage. Nous en discuterons demain à l'archevêché, qui est à deux pas.

Elle avait reculé si vivement qu'elle avait donné du mollet contre le lit, s'y étalant de tout son long sur le dos. Froissée dans son orgueil, elle s'était mise à pleurer avant que Gustave puisse venir lui tendre le bras.

— Allons manger, offrit-il pour faire diversion.

Elle se releva aussitôt et fut se mirer dans la glace de la coiffeuse.

— J'ai le nez rouge, je suis couverte de suie ! Toi et tes locomotives à charbon... Je dois faire ma toilette, va m'attendre en bas au fumoir.

Gustave ne la contraria pas. La porte à peine refermée, elle courut aux toilettes en troussant ses jupes. Il était plus que temps!

Ils prirent par les remparts, devant l'Université Laval, s'amusèrent à suivre le chassé-croisé des remorqueurs, des barges, des goélettes, des cargos du bassin Louise, détaillèrent les chantiers maritimes de la rivière Saint-Charles, là où le Malouin Jacques Cartier avait hiverné en 1535. La Nouvelle-France, quatre siècles déjà.

En contournant l'Hôtel-Dieu et remontant la côte du Palais, Marie-Laure pinça les narines:

— Ça sent mauvais par ici...

— J'en connais qui passent tous les jours exprès pour humer l'odeur.

— Pouah, ça sent le ranci, la moisissure!

— Eh, tu n'as jamais bu de bière de ta vie?!

— Euh... non.

— Tu trouves que la brasserie Boswell pue? En tout cas, ils font de la Boswell de bonne bière!

— Molson à Montréal, Boswell à Québec, les Anglais étaient seuls à connaître la recette?

— Bien sûr que non. Après la Conquête, ils se sont octroyé tous les privilèges qu'ils ont voulu. Ils ont étouffé nos entreprises, chassé nos capitaux.

Ils soupèrent rue Saint-Jean, d'une gibelotte de poulet. Entre chaque bouchée, ils se dévoraient des yeux. Au dessert, la conversation s'était éteinte, mais ils furent pris de fou rire. C'était à qui enfournerait le plus gros morceau de tarte aux framboises crème Chantilly. Ils étaient si repus qu'ils sentirent le besoin de marcher de nouveau.

Ils grimpèrent la rue Saint-Stanislas jusqu'à la rue Sainte-Anne. En face du temple anglican érigé sur les ruines du palais du gouverneur, Marie-Laure lut une enseigne:

— Caisse populaire de Notre-Dame-de-Québec...

— Une sorte de banque, enfin une qui nous appartient.

— Pas comme la Royal Bank?

— Non, pas de danger, les sociétaires sont de petits épargnants, comme toi et moi. Ils décident ensemble de ce qui leur convient le mieux.

— Et tu connaissais ça?

— Le fondateur est un journaliste de Lévis, Alphonse Desjardins.

— Et ça fonctionne bien?

— On le dit.

— Toi et tes clients de Mont-Joli, vous avez jamais pensé...

— J'étais trop jeune. Et eux, ils étaient trop prudents.

— Quand nous irons à l'archevêché demain pour mon vertige, j'exigerai qu'on vérifie si tu as l'âge de raison.

Ils poursuivirent main dans la main jusqu'à la grande terrasse de bois où baguenaudaient les familles, les solitaires, les amoureux. Marie-Laure et Gustave durent attendre leur tour avant de pouvoir occuper un banc. Elle avait posé la tête sur son épaule, il lui avait entouré la taille de son bras. Alors surgit devant eux en gesticulant un grand bougre de quêteux aux vêtements râpés:

— Could you spare a penny, folks? I've been out of luck lately.

Gustave et Marie-Laure s'étaient redressés, surpris. Elle chuchota:

— On lui donne quelque chose?

— Gardez votre argent, intervint le mendiant, vous en aurez besoin. Les Anglais, c'est pas pareil, ils en ont trop. Bonsoir, soyez heureux !

C'était de bon augure. Ils regagnèrent le hall de l'hôtel.

— Veux-tu que je fume encore un peu en bas ? offrit Gustave.

— Ah... oui... non ! Tu es prévenant.

Ce fut tout un cérémonial avant qu'ils en viennent à s'embrasser devant la fenêtre de leur chambre. Dénouer, délacer, défroisser, plier, ranger... Elle le tint à bras-le-corps, il lui soutenait la nuque d'une main forte, encore que légèrement tremblante. Au contact de leurs lèvres, une onde électrique les parcourut. Le baiser durait, durait. Gustave voulut reprendre son souffle, Marie-Laure glissa inconsciente sur le tapis.

Mortellement inquiet, Gustave alerta le garçon d'ascenseur, la femme de chambre, la réception. Un petit médecin à besicles et à redingote vint présenter des sels à Marie-Laure étendue par terre. Elle gémit, secoua la tête, ouvrit un œil, qu'elle referma aussitôt. Elle avait honte devant tout ce monde assemblé dans sa chambre.

— Elle va mieux, retirez-vous, dit Gustave. Voilà pour vous, docteur.

Il lui régla ses honoraires, attendit qu'il sorte et porta tendrement Marie-Laure dans ses bras.

— Tu m'as fait peur, méchante !

— Ah pardon, pardon ! Je... je crois que j'ai beaucoup sommeil... C'est une belle ville, Québec.

Le lendemain, ils empruntèrent le Canadian Pacific Railway, longeant la rive nord du fleuve Saint-Laurent jusqu'à Montréal. C'était la première fois que Gustave était infidèle à la société qui l'employait. Il observait attentivement les détails du service, le matériel roulant, le ballast, la signalisation. Il notait mentalement le mouvement des convois et l'emplacement des voies d'évitement. Il jugea l'entretien des voitures de passagers impeccable, mais le personnel très gourmé. «Tickets please», «Three-Rivers», pas un ne se permettait de déroger à l'anglais, ce qui donnait lieu à un concert de «quoi?», «qu'est-ce qu'il a dit?», «où est-ce qu'on est?», «quand est-ce qu'on va arriver?»: une joyeuse cacophonie. Lui, même s'il était obligé de travailler en anglais pour le Canadian National Railways, qui avait repris le Grand Trunk et l'Intercolonial Railway à l'époque de la mise à la retraite de son père, ne se gênait pas pour adresser à tout le moins la parole en français aux francophones... Question de commodité, de politesse, expliquait-il au travail. Question élémentaire de fierté, se disait-il à part lui. Tant pis s'il s'exposait ainsi à souffrir de discrimination.

    En riant eux-mêmes de ce caprice digne du régime seigneurial français, ils louèrent une calèche à la sortie de Windsor Station. D'ouest en est, au pas du quadrupède placide, ils parcoururent Saint-James Street, haut lieu de la finance coloniale anglo-écossaise, prirent par la rue Saint-Paul vers le marché et l'église de Notre-Dame-du-Bonsecours, pour aller tourner au-delà du pont Jacques-Cartier, au lieu-dit le Pied-du-Courant, où les Anglais avaient si peu glorieusement pendu les Patriotes du soulèvement de 1837. Ils étaient rentrés par Sherbrooke Street, en passant par le Mont Saint-Louis des Frères des Écoles chrétiennes, McGill University, le Museum of Fine Arts, étaient redescendus vers le centre en longeant le domaine des Sulpiciens.

— Si on compte pour quelque chose dans cette ville, dit Marie-Laure, c'est à cause des églises, des communautés religieuses et des prisons.

— Pourtant, on a un gros avantage sur eux.

— Je voudrais bien savoir lequel !

— On n'aurait qu'à s'établir plus nombreux à Montréal, et comme on sait faire des enfants, nous...

— Oh...

— ... ils seraient vite submergés.

— En attendant, ils attirent des immigrants qu'ils anglicisent à goddam que veux-tu. Ils veulent nous noyer !

— Je t'aime, Marie-Laure, tu comprends les choses.

— Dis-tu ça parce que ce soir tu vas partager ma couchette dans le train ?

Ils furent accueillis par des stewards noirs, aux manières douces et à la voix chantante. Eux aussi, jadis, avaient dû parler autre chose que l'anglais de leurs maîtres... Par petites secousses feutrées, le train se mit en route vers l'ouest de l'État de New York. Ils traverseraient Utica, Syracuse, Rochester dans la nuit; au matin, ils seraient à Buffalo, sur le lac Érié.

Malgré l'exiguïté, malgré le claquement des bogies sur les rails, malgré le roulis, cette nuit leur fut infiniment favorable. La veilleuse fermée, ils s'aimèrent dans les gestes lents de l'apprivoisement, dans la fièvre de leur sang tumultueux, dans la tendresse de leur désir un instant apaisé.

La démarche incertaine, drogués l'un de l'autre, éblouis par un soleil laiteux et diffus, ils prirent une correspondance pour la chute du Niagara. Après avoir longuement admiré de loin,

Marie-Laure fut à nouveau saisie de vertige en s'approchant du bord de la rivière. Cramponnée au poignet de Gustave, elle trouva la force de sourire de son malaise, mais déclina tout net l'invitation qu'il lui faisait de se rendre en bateau dans les remous irisés de la terrifiante cataracte.

Ils furent soulagés de s'éloigner de la foule des touristes qui cherchaient à couvrir le bruit de l'eau en hurlant leur enthousiasme. Gustave avait bien réservé une chambre, mais il surgit des complications causées par l'afflux de visiteurs, dont certains n'hésitaient pas à annuler les réservations des autres à coups de dix dollars furtivement glissés. Déçus de ce contretemps et incapables de trouver un autre gîte en territoire américain, ils se résignèrent à chercher du côté ontarien en traversant le pont. La cohue y était à peine moins grande. En désespoir de cause, Gustave parlementa avec un agent de police, qui lui recommanda la maison d'une famille du lieu. Tout heureux de l'accueil courtois et de la propreté, ils prirent possession de leur chambre avec soulagement. À l'heure de s'endormir, Gustave avisa, au-dessus de la commode, une sorte de certificat qui le fit sursauter.

— Qu'est-ce qu'il y a? s'enquit Marie-Laure en palpant l'oreiller.

— Nous sommes tombés sur des fanatiques orangistes! De ceux qui ont juré la perte des Canadiens français...

— Mon Dieu! Et... s'ils nous entendaient parler entre nous? S'ils nous avaient déjà entendus?

Ils ne fermèrent pas l'œil de la nuit, Gustave essayant de rassurer Marie-Laure. Ils s'enfuirent à l'aube, sans même procéder à leurs ablutions. Ils ne respirèrent que lorsqu'ils furent de nouveau aux

États-Unis. Ils prirent le premier train pour Buffalo, où ils se restaurèrent avant de repartir pour Détroit, le clou de leur voyage.

Depuis le Québec, ils s'étaient inscrits pour une visite guidée des célèbres usines Ford, à présent dirigées par Edsel, le fils d'Henry. Ils gravèrent dans leur mémoire les installations gigantesques, les chaînes de montage au mouvement continu, le travail précis des hommes, la file des voitures rutilantes.

— Nous en aurons une un jour! décida Marie-Laure.

— Je crois bien que oui, l'automobile va finir par causer du tort au transport ferroviaire.

La ville leur parut débordante de prospérité. Au cri aigu de la sirène, les ouvriers de la Ford quittaient leurs salopettes pour s'installer au volant de leurs propres voitures, financées par la société. Et ils envahissaient drugstores, snack-bars, *poolrooms* et *beer parlors*, avant de rentrer dans leurs maisonnettes de banlieue.

— Ils recyclent l'argent, ils font tourner l'économie! disait Gustave, admiratif.

— Oui... Mais ils mangent tous la même chose, vivent tous de la même façon...

— C'est rationnel, c'est organisé! Et efficace!

Ils avaient prévu rentrer par l'Ontario, mais leur mésaventure avec les orangistes les en dissuada. Ils se promirent de revenir un jour visiter Chicago.

Troisième partie

XVII

À l'aller, ils n'avaient guère eu d'yeux que pour eux-mêmes et pour quelques bribes de paysage. Au retour, Marie-Laure répandait autour d'elle des sourires engageants. Pas davantage douée pour les langues que pour la musique, elle compensait par le langage de ses mains et de ses yeux. Et lorsque la communication devenait vraiment trop difficile, elle prononçait très lentement, très distinctement en français des mots qu'en plus elle écrivait avec son doigt dans les airs. Conquis par tant de bonne volonté, certains passagers répondaient à ses sparages qui en néerlandais, qui en polonais. Marie-Laure s'appliquait à répéter, mais de travers, et faisait les yeux ronds si les rires devenaient trop francs. Gustave profitait de courtes accalmies pour lui demander si elle préparait un voyage à la tour de Babel. Elle le repoussait d'une petite tape sur l'avant-bras et se replongeait de plus belle dans son charabia international. Primesautière, curieuse de tout, elle fit régner la bonne humeur tout au long du voyage. Elle récolta deux pêches, trois prunes et du saucisson de toutes origines. Elle dut improviser un carnet d'adresses en pliant et repliant une grande feuille cédée par le contrôleur.

Ils se retrouvèrent à Montréal comme en pays de connaissance et gravirent jusqu'au sommet la montagne nommée par le sieur de Maisonneuve. Ils se tinrent par la main pour repérer Lachine, Longueuil, l'île Sainte-Hélène. Exaltés par la majesté du lieu et par les rumeurs de la ville, ils se jurèrent, avant de repartir à l'est, de réussir leur vie.

— J'ai confiance ! s'emballa Marie-Laure.

— Tant que ça ?

— Tu n'as pas remarqué ? Je regarde en bas et je n'ai plus le vertige ! Tu verras, je finirai par marcher sur un fil au-dessus d'un précipice...

— Comme l'équilibriste de Niagara ?

— Ha, tout de même pas !!!

À Mont-Joli, Georgiana et Honoré vinrent à la rencontre des nouveaux époux. Landry se tenait en retrait, souriant : il était ravi de retrouver son bras droit temporaire.

— Et Alma ? s'informa Gustave.

Honoré se rembrunit.

— Le lendemain de votre mariage, elle a décampé.

— Elle n'a pas donné de ses nouvelles, déplora Georgiana.

— Est-ce qu'elle peut se débrouiller toute seule ? demanda Marie-Laure.

Gustave la rabroua :

— Évidemment pas ! Qu'est-ce que tu penses ? !

— Moi, dit Honoré, je ne serais pas autrement surpris si elle se tirait d'affaire par elle-même...

Georgiana ne put que lui jeter un regard lourd d'inquiétude, presque de reproches.

Il était convenu que Marie-Laure continuerait d'enseigner, au moins la première année. La suite devait dépendre de la situation de Gustave et d'autres facteurs plus aléatoires, mais parfaitement attendus dans le cas de jeunes mariés. À peine acclimatée à sa nouvelle école, heureuse dans sa classe de grandes, elle eut lieu de craindre un prolongement indéfini de sa carrière d'enseignante. Le 24 octobre 1929, la bourse de New York subissait un krach qui devait tout de suite dégénérer en crise mondiale. Le prix des céréales surproduites à l'ouest, celui des matières premières, celui des produits forestiers, tout s'effondra en quelques semaines. Le transport ferroviaire chuta brutalement de moitié, et au début décembre, Gustave était mis à pied.

Monsieur Landry le lui apprit sans ménagement, l'accusant presque de lui avoir fait perdre tout son personnel.

— Ça t'apprendra à crâner, à jouer au plus fin. On va bien voir si tes boutiquiers te maintiendront en vie longtemps...

Gustave avait si peu prévu ce coup du sort qu'il exigea de voir des preuves écrites. Il lut, relut, rassembla quelques affaires, sortit sur le quai la tête basse et, désorienté, ne put qu'aller s'asseoir à l'abri du grand réservoir d'eau des locomotives. Le froid piquait, mais il n'en avait cure, les rouages de son cerveau ne tournaient plus. Il aurait souhaité que les arceaux de bois se rompent, vivement qu'il soit assommé par le poids de l'eau d'un coup libérée, par les débris. La nuit tombée, comme un malfaiteur, il se coula entre les wagons devenus inutiles et se mit à courir en gémissant comme un animal aux abois. Il était ivre de désespoir.

Il erra aux abords des maisons amies, sans rien faire pour manifester sa présence. Il semblait s'interdire d'approcher le logement qu'il occupait avec Marie-Laure. Il se bouchait sans cesse les oreilles, mais il ne cessait pas pour autant d'entendre, lancinants, les rires gras du mess des officiers de l'armée de réserve. Ils faisaient assaut de vantardises, l'alcool, les filles, l'alcool... À gorge déployée, ils riaient de la bleusaille qui refusait de monter en ligne réchauffer les gourgandines. Puisqu'il fallait mourir, autant que ce soit de petite mort douce... Gustave tituba. Et il eut soif, trop soif. Marie-Laure allait le mépriser... Il sut retrouver des camarades de fanfare qui ne dédaignaient pas la goutte.

Personne à Mont-Joli n'ignorait l'existence, rue Saint-Joseph, d'une coquette propriété où la lampe restait allumée toute la nuit. Un foulard rouge apparaissait à la fenêtre du salon, lorsqu'une nouvelle visite était possible. D'assez loin, éméché à présent, Gustave avait attendu de le voir s'agiter, mais sa résolution n'était pas prise et il contourna tant bien que mal le jardin jusqu'à la porte arrière. Là, il fut bousculé par un individu qui sortait, le visage dissimulé par le col de son manteau. L'individu proféra des jurons et s'effaça dans la nuit. Au bout d'un moment, une voix flûtée se fit entendre depuis la porte :

— Alors mon gros hibou, on n'est pas au courant des usages, on entre par la sortie ?

— Ah... euh... pardon madame... J'allais... Je passais...

— C'est bon pour cette fois, va, mais si tu tiens à confondre l'entrée et la sortie, il y aura un petit supplément.

Le cerveau en compote, Gustave se laissa conduire dans un boudoir empestant le parfum, où la belle de nuit s'empressa de lui retirer un à un ses vêtements, en lui signifiant, par ses mines énamourées, qu'il était le plus joli garçon du moment dans sa vie. En roulant des hanches, elle le précéda dans la chambre, dont les prétentions orientales étaient calculées pour dépayser les plus obtus.

— Approche, mon minet, je vais te laver.

— Mais voyons, je ne suis pas sale !

Il fallait l'amadouer, elle lui fit avaler un plein verre de brandy. Il devint tout juste plus conciliant pour la toilette, mais nettement plus entreprenant à l'égard de son hôtesse, qui ne demandait pas mieux. Ils avaient perdu beaucoup de temps, elle l'avait vu à sa montre en amorçant son chapelet de positions lascives, et d'autres pratiques risquaient de se décourager.

— Tu as été formidable, mon amour, un vrai hussard de la garde !

— Moi, l'armée... soupira Gustave qui regrettait déjà.

— Bon, je te mets à la porte. Pas besoin d'avoir peur, je le dirai pas à ta femme.

— Il manquerait plus que ça, au prix que tu me coûtes !

—Fais pas le nigaud. La prochaine fois, je te consentirai un rabais. J'ai une dette envers ta famille...

— Non, mais...

— Elle voulait apprendre, qu'elle disait, et sans se faire payer. Les jours de fête, le samedi soir, combien de fois est-ce qu'elle m'a rendu service !

— Alma !

Et il s'en fut vomir dehors, contre l'écorce d'un peuplier. Il claquait des dents lorsqu'il monta enfin chez lui. Il ne fut guère réchauffé par le seau d'eau glaciale qu'il reçut en pleine figure dès qu'il atteignit le seuil. Il chancela, tomba à la renverse sur le palier, tenta de frapper discrètement à la porte, et s'endormit là sur le plancher, malheureux comme une pierre. Au matin, sans l'aumône d'un regard, Marie-Laure l'enjamba, son missel sous le bras : elle entendait bénéficier des consolations de la religion.

Quand elle revint, Gustave était adossé au chambranle, la tête dans les mains.

— J'espère que la tête va te fendre !

— ...

— Ah, pardon mon Dieu ! Je me suis confessée. Le prêtre dit que la colère, c'est mal. Qu'il faut pardonner les offenses... Ce que tu as fait est répugnant !

— ...

— J'étais si inquiète ! J'ai fini par aller chez monsieur Landry.

— Et... il t'a dit ?

— Oui, espèce de monstre ! C'était suffisamment grave sans que tu en rajoutes.

— Je...

— Tu le diras à l'église. Je ne veux surtout pas le savoir !

— Est-ce que...

— Je te pardonne cette fois, parce que c'est mon devoir de bonne chrétienne. Mais ne t'avise pas de recommencer. Tu vas dormir un peu pendant que je serai à l'école. Rien ne doit paraître. On parlera ce soir.

Gustave fut si soulagé qu'il dormait encore quand elle rentra. Elle le secoua, lui intima l'ordre d'aller se décrasser et se raser. Elle lui prépara des vêtements frais, mit leur souper au feu et l'attendit dans la cuisine. Il apparut blême, n'en menant pas large. Sans prononcer une parole, elle mit le couvert, servit et lui fit signe de s'asseoir. Ils mangèrent ainsi, dans une gêne atroce. Marie-Laure aurait voulu pleurer, le prendre dans ses bras, lui arracher les yeux. Il aurait voulu la rassurer, la bercer, lui expliquer l'inexplicable. Il avait si peur de la décevoir...

Ils ne voulurent ni l'un ni l'autre de dessert. Une larme perla sur la joue de Marie-Laure. Gustave s'enfuit sangloter aux toilettes. Elle vit ensuite ses yeux rouges, éprouva de la commisération. Ils se rapprochèrent, s'effleurèrent les mains. Peut-être se réconcilieraient-ils.

— Tu t'es désespéré, dit Marie-Laure, mais je peux aider à payer le loyer, et tu as tes clients de comptabilité.

— Si tout le monde tombe en chômage comme moi, ils ne me garderont pas longtemps. Ils n'auront plus les moyens.

Ses craintes s'avérèrent justifiées. Les commerçants firent crédit pour écouler leurs stocks, on ne put les payer, les fournisseurs ne furent pas remboursés, tout stagna. Gustave se fit un point d'honneur de tenir quand même leurs livres, car après la tourmente, ils auraient besoin plus que jamais d'y voir clair.

Quant à lui, il combattait le désastre avec la dernière énergie. Fermement encouragé par Marie-

Laure, piétinant son amour-propre, il était devenu faute de mieux représentant des produits Rawley, brosses, détergents, désinfectants, pilules, onguents, sirops, électuaires, mort-aux-rats. À pied, à bicyclette, en voiture à l'occasion si on lui en prêtait une, il quadrillait villes et campagnes avec sa lourde valise noire de cuir bouilli. Il était gentil, ses bonnes manières attiraient la sympathie. Il ne faisait pas le boniment à la manière des autres vendeurs itinérants, qui devenaient légion et ne laissaient pas les portes se refermer avant d'avoir placé un maximum de leur marchandise. La concurrence était si vive que souvent ils se battaient entre eux comme des chiffonniers. Gustave, lui, se contentait de vendre une babiole à chaque fois. Il n'accablerait pas ces pauvres gens, il travaillerait davantage, voilà tout.

Il rentrait tard rejoindre Marie-Laure, qui corrigeait ses copies d'élèves. Ensemble, ils faisaient les comptes, mettaient les commandes au net. Mais c'était vivre d'expédients, ils ne parvenaient pas à joindre les deux bouts. La panique faillit s'emparer d'eux quand il fut confirmé que Marie-Laure était enceinte. Les commissaires de son école la mettraient peut-être à la porte avant la fin de l'année scolaire, car une certaine bienséance voulait faire croire que les écoliers risquaient d'être scandalisés par un ventre rebondi d'institutrice en gésine.

Au mois d'avril, ils durent se résoudre à quitter le logement qu'ils avaient aménagé avec tant de soin et d'amour. Georgiana et Honoré les recueillirent volontiers : ils espéraient ainsi s'arracher de la pensée les errances de leur fille Alma. Marie-Laure et sa belle-mère se liguaient parfois pour rappeler aux Brazeau père et fils leur enthousiasme de prosélytes du progrès, de l'industrie, de la vie moderne.

— Il y a des hauts et des bas, s'entêtait Honoré. C'est le moment de réorganiser.

— Il a raison, disait Gustave, et il nous faut des plans pour mieux nous en tirer la prochaine fois. C'est l'affolement qui a provoqué le gros de la chute.

— Oui, répétait Marie-Laure à son mari sur l'oreiller, l'affolement provoque les grosses chutes. Tu en as fait l'expérience.

Gustave se contentait de placer sa main sur le ventre proéminent et d'attendre que ça bouge. Il y puisait sa foi en l'avenir.

Mais la perspective de l'arrivée au jour de ce bébé, dont il connaissait intimement les capacités de soubresauts, le rendait de plus en plus nerveux. Marie-Laure le priait de plus en plus souvent d'aller faire un tour. Il fuyait la rue Saint-Joseph comme la peste. Il rendait donc de courtes visites à ses amis et connaissances, à tour de rôle pour ne pas les lasser. Après avoir donné des nouvelles de sa femme, il parlait de la crise. Il repartait sur un leitmotiv: la débrouille individuelle n'était plus de saison, il leur fallait absolument des institutions financières à eux.

Un soir, le quincaillier perdit patience:

— Cesse donc de parler, agis!

— Ce sont des réactions comme la vôtre que j'attendais. J'espère qu'il y en aura d'autres.

Discrètement, Gustave avait déjà écrit à Lévis en faisant état de ses études, de son expérience, de ses observations. La réponse fut détaillée: il en arriva un plein colis.

XVIII

Marie-Laure avait pu garder son emploi malgré sa grossesse, dont elle ne disait jamais le moindre mot en classe. Elle s'évertuait à dissimuler sa fatigue et ses malaises et faisait des préparations plus méticuleuses qu'avant, des corrections plus détaillées. Quelques parents d'élèves avaient guetté un petit relâchement, un accroc : ils avaient perdu leur temps. Tous les soirs, après avoir classé la paperasse Rawley de Gustave, elle priait la bonne sainte Anne de prolonger son terme jusqu'à la fin de juin, de sorte qu'elle puisse terminer le semestre en beauté. La sainte l'exauça un peu trop à la lettre, car elle sentit les premières contractions alors qu'elle préparait les bulletins. Elle se força à respirer un bon coup et accéléra le mouvement de sa plume.

Gustave, lui, éprouvait toujours du remords au sujet de son incartade, mais il avait voulu se faire pardonner totalement en poussant son projet de caisse populaire. Pour le 23 juin, veille de la fête nationale, il avait convoqué l'assemblée de fondation. À la faveur de ses nombreux déplacements, il avait distribué tant de feuillets explicatifs, convaincu tant d'incrédules et vendu tant de parts sociales, que le fruit était mûr. Il faut dire qu'il avait eu l'aide des membres de sa fanfare et obtenu l'appui des commerçants, de la mairie et du presbytère. Les objections n'étaient venues que des notaires, dont les goussets fiduciaires faisaient jusqu'alors office de banques parallèles. Mais Gustave avait un ami parmi eux, qu'il avait mis en avant pour la présidence. Les indécis s'étaient ralliés. L'assemblée du 23 juin se déroula sans anicroche, dans la joie et l'émotion.

— Wall Street est mort, vive Mont-Joli!
— Le roi d'Angleterre va être jaloux!
— On est assez grands pour prendre nos décisions tout seuls!
— Ensemble, c'est notre force!

À ces explosions spontanées d'enthousiasme succédèrent des discours aux belles périodes amples, savamment composés selon les préceptes de la rhétorique classique: Cicéron lui-même ne les aurait pas désavoués. Avant de quitter la salle paroissiale, la foule reçut avec déférence la bénédiction du curé qui, porté par l'événement, eut l'impression de prolonger le grand Bossuet en prononçant lui aussi quelques mots bien pesés.

Se méfiant de l'alcool, Gustave s'excusa de ne pas partager les libations générales. Il apporta la bonne nouvelle à Marie-Laure comme sur un plateau. Elle sourit, termina le dernier bulletin et rangea précieusement ses dossiers dans un coin de la bibliothèque.

— Attention, ne t'étire pas trop !
— Au contraire, dit-elle en se retournant, il faut que je sois en forme ! C'est pour bientôt...
— Ah... Hein ? Maman ! Elle... elle... Maman !!!

Avec d'infinies précautions, on la transporta en taxi jusqu'au nouvel hôpital, où le jeune médecin qui avait racheté le cabinet du docteur Gagné officiait.

Honoré Brazeau préféra suivre à pied. Il se rappelait le printemps 1907, la naissance de Gustave aux mains de madame Ménard, la course en carriole avec le docteur. Il faudrait tant de courage aux jeunes époux : malgré la science, malgré les techniques, ils repartaient quasi à zéro en cette période trouble. Si tout se passait bien à l'accouchement, il enverrait un télégramme aux Letellier, pour lesquels il s'était pris d'affection. Marie-Laure pouvait jouer à la citadine tant qu'elle le voulait. Lui, il rêvait de connaître la campagne gaspésienne, depuis que Gustave lui en avait parlé en termes dithyrambiques. Philomène était une femme de cœur. Isidore un homme comme il ne s'en faisait plus, dépareillé. Et il y retrouverait un fleuve plus vaste, plus salé, aux allures de mer.

Gustave et Georgiana soutinrent Marie-Laure jusqu'au service de maternité. Là, une infirmière se chargea d'elle et l'emmena subir un premier examen. Mère et fils furent relégués dans une salle d'attente à la lumière crue. Honoré les rejoignit et ils attendirent à trois. De temps à autre, Gustave allait à la porte, regardait par la vitre et revenait s'asseoir.

— Ce sera long, revint leur dire l'infirmière. Vous devriez vous relayer, sinon vous ne tiendrez pas.

— Gustave, va l'embrasser et retourne dormir à la maison, suggéra Georgiana.

— Je vais l'embrasser et rester auprès d'elle.

— Dans ce cas-là, reprit Georgiana un peu offusquée, c'est moi qui irai dormir dans mon lit. Tu viens, Honoré ?

— Prends donc les devants, je te rattraperai. Ma belle-fille a besoin que je lui tienne la main...

— Vous les hommes, vous devenez sentimentaux quand on n'en a pas besoin.

Gustave cogna des clous toute la nuit au chevet de Marie-Laure. Les contractions étant encore espacées, elle le renvoya en lui promettant qu'elle le ferait prévenir. Il ne voulut pas la laisser seule. Elle préférait se reposer tranquille. Elle lui passa la main sur sa joue rugueuse pour l'en assurer. Il s'éloigna à regret, sous l'œil bienveillant du personnel hospitalier.

Georgiana servit son fils et le mit au lit avant de retourner voir Marie-Laure. Elle revint pour le repas de midi. Il y avait tout le temps. Gustave allait lui-même repartir dans l'après-midi lorsque l'hôpital appela. La parturiente se portait bien, les contractions se suivaient aux cinq minutes. Mais il était arrivé une drôle de femme qui insistait pour la voir, en refusant de dire son nom. Gustave partit à la course. Ses parents le suivirent au pas de charge.

Dans les couloirs de la maternité régnait une agitation incongrue. Questions et commentaires s'entrecroisaient. Une civière vide gisait renversée par terre. Tous avaient les yeux braqués dans la direction d'une chambre devant laquelle une dizaine de personnes s'étaient massées. Gustave zigzagua entre les obstacles, se fraya un chemin pour pénétrer dans la pièce. Marie-Laure était bien là, mais ses mèches blondes étaient trempées de sueur et elle avait les yeux fermés, le visage crispé. Sous le drap, ses genoux étaient remontés et écartés. Au pied de son lit se débattait Alma, ceinturée par un infirmier qu'elle griffait de son mieux.

— Laissez-la, dit Gustave, je m'occupe d'elle.

— Voulez-vous bien me lâcher ! Mon grand frère vous l'a dit, il s'occupe de moi.

— Tu en as fait de belles. Pourquoi tout ce tintouin ?

— Je suis venue « assister » ma belle-sœur dans ses couches, ils avaient qu'à me laisser passer.

— Gustave, souffla Marie-Laure, approche-toi. Fais-la sortir, veux-tu, elle me débite des horreurs !

— J'ai entendu ce qu'elle t'a dit ! Je reste...

— Alma ! supplia Gustave.

Marie-Laure fut prise d'une contraction qui lui arqua le dos.

— C'est pour ça que je suis venue, triompha Alma. Bientôt, elle va miauler comme une chatte.

— Tu vas te taire ?!

— Jamais de la vie ! Tant que ça durera, je vais hurler plus fort qu'elle.

— Sois donc un peu raisonnable.

— Le plus beau jour de ma vie ?

— Tu es si contente que nous ayons un bébé ?

— Beau nono ! Je suis venue la voir souffrir. Et ça va me faire plaisir.

— Tu es folle !

— Elle avait qu'à pas m'enlever mon frère. Je veux qu'elle pâtisse.

Les larmes aux yeux, Gustave la gifla à toute volée. Il fit signe à l'infirmier.

— S'il vous plaît, emmenez-la, calmez-la.

Honoré et Georgiana arrivaient. Ils comprirent sans qu'on leur explique et suivirent leur fille pour monter la garde auprès d'elle. Gustave s'empara de la main de Marie-Laure pour la rassurer.

— Elle me déteste. Est-ce que je lui ai fait quelque chose?

— Non, bien sûr que non! C'est compliqué... Elle se met à ta place et c'est elle-même qu'elle déteste. Oublions-la.

Comme si Alma avait eu le pouvoir de se venger à distance, Marie-Laure endura des douleurs qui plusieurs fois la menèrent au bord de l'évanouissement. Ses chairs furent déchirées, elle faillit se vider de son sang. Et elle n'eut même pas la consolation d'avoir Gustave à son chevet, car on lui avait bien sûr interdit la salle d'accouchement.

Les relevailles prirent une allure de convalescence prolongée, à l'hôpital. La mère était trop faible pour nourrir son bébé, qu'elle n'avait aperçu que lors de sa naissance et qui vagissait à la pouponnière. Gustave s'arrêtait tous les jours devant la vitrine, éprouvant pour le petit être emmailloté un pénible sentiment de pitié distante. Et il continuait vers la chambre de sa femme, à qui il racontait un maximum de nouvelles du monde extérieur. Elle finit par lui avouer:

— Tu sais, Gustave, je crois que j'aimerais quitter Mont-Joli le plus vite possible, après ce qui s'est passé.

— Je comprends que tu veuilles t'éloigner un peu de ma famille. Mais pour le moment, c'est ici que nous pouvons survivre le mieux.

— Nous sommes connus, c'est vrai. Il y a de l'entraide...

— Et la caisse qui commence...

— Et la fanfare qui continue, sourit-elle avec lassitude. Promets-moi que nous partirons dès que possible.

Que pouvait-il faire? Il aurait vendu son âme pour elle, il consentit. Ce serait peut-être l'occasion de trouver quelque chose en ville. N'était-ce pas leur rêve à tous deux? Lorsqu'elle eut suffisamment repris le dessus, il recommença sa prospection des employeurs, sans se fier au courrier, cette fois. Il quémandait la tête haute sa place à bord des véhicules qui circulaient encore. On l'acceptait le plus souvent, de préférence aux pauvres hères qui hantaient eux aussi les pompes à essence dans l'espoir chimérique d'un voyage gratuit pour l'Eldorado.

À Québec, à Trois-Rivières, à Montréal, il faisait le siège des administrations, montrait ses diplômes, dévidait ses arguments s'il parvenait à être entendu, recevait avec stoïcisme les conseils paternes qui enrobaient les refus, et recommençait sans fléchir. Une cimenterie? Parfait! Une laiterie? D'accord! Une minoterie? Certainement! Des abattoirs? Pourquoi pas? Il commettait parfois l'imprudence de révéler son expérience dans les chemins de fer. On lui remontrait alors que c'était l'un des secteurs qui reprendraient le plus vite, et que ses années d'expérience étaient une véritable assurance contre le chômage.

Après l'éprouvante époque de la soupe populaire et des sociétés de charité, la misère sembla vouloir s'estomper. Les affaires reprenaient tant bien que mal, l'embauche aussi. Gustave fut rappelé, il demanda aussitôt d'être muté ailleurs. Monsieur Landry, qui l'avait tant attendu, cria à l'ingratitude avant de se laisser apaiser par le récit du séjour de Marie-Laure à l'hôpital.

— Bon, allez-vous-en au diable si ça vous chante. De là, vu que vous êtes des experts de la correspondance, vous m'écrirez pour me dire si ça chauffe...

Georgiana s'était résignée au départ de la petite famille, mais elle ne pouvait s'empêcher d'éprouver quelque ressentiment à l'égard de sa belle-fille, qu'elle trouvait exagérément fragile. S'il avait fallu que les Brazeau s'écroulent à chacune des fantaisies d'Alma !...

— Moi, la taquinait Honoré, je pense que tu as peur de te retrouver toute seule avec moi.

— Dis donc pas de bêtises ! Pense à ta fille qui a filé Dieu sait où.

Un peu honteuse, Georgiana exagérait les marques de sa sollicitude envers Marie-Laure. Elle la poursuivait armée ou d'un châle, ou d'un pouf, ou d'une bouillotte. Et elle câlinait le bébé comme s'il avait été orphelin.

— Je suis capable de m'en occuper, protestait Marie-Laure.

— Chut, profite du bon temps qu'il te reste, tu sauras me remercier.

— Vous en faites trop.

— J'en ferais davantage si je pouvais.

— Mais ça me gêne ! Si encore j'avais fait une dépression comme vous après mon accouchement, ce serait peut-être...

— Comment ?! Qui t'a raconté des histoires pareilles ?

— C'est grand-père Honoré.

— Une dépression... Quel mot ! En tout cas, je n'étais pas devenue folle...

— Mais non, qu'allez-vous penser ? Moi, c'était le sang ; vous c'était l'humeur. N'en parlons plus.

Heureusement, Honoré avait le don de la réjouir, elle et son enfant, dès qu'il faisait son apparition. Il se rendait bien compte que cela dépitait Georgiana, mais il ne pouvait se refuser le plaisir de leur compagnie babillante. Il expliquait à sa belle-fille les subtilités et les chausse-trapes de la gestion ferroviaire, afin qu'elle puisse soutenir Gustave au mieux.

— Je te dis tout cela à toi, ma belle Marie-Laure, parce que ton Gustave est trop orgueilleux pour m'écouter comme il faut. Si vous restez dans les chemins de fer encore un certain temps, il va falloir vous habituer à déménager. Quand on n'est que télégraphiste remplaçant...

— On le sait, on est prêts. Qu'ils finissent seulement par nous envoyer quelque part !

— Vous allez nous manquer un tout petit peu.

— Vous allez me faire pleurer...

— Ça prouverait que tu as le cœur à la bonne place. Passe-moi le bébé, je vais lui raconter une histoire.

— Il ne vous comprendra pas, il est trop petit.

— Qu'est-ce que t'en sais, toi, hein ?

XIX

Ils avaient trié, empaqueté, ficelé tout ce qui n'entrait pas dans les deux grandes malles: quelques ustensiles de cuisine, un service de vaisselle, le linge de maison et des livres en quantité. Un menuisier était venu sur place leur fabriquer une caisse de planches brutes. Leurs meubles de jeunes mariés, la plupart des bibelots qu'ils avaient reçus en cadeaux de noces, ils avaient dû les vendre à cause de la Crise. Ainsi, ils voyageraient plutôt léger. Dans leurs bagages à main, ils emporteraient un vase en verre taillé que venait de leur offrir Georgiana et le phonographe dont Marie-Laure avait obstinément refusé de se départir, crise ou pas, déménagement ou pas. Par contre, elle avait voulu jeter sa vieille poupée de chiffon, qu'elle accusait de sentir le poulailler malgré des savonnages en règle.

— Si un jour nous possédons une maison à nous, nous aurons un grenier, plaida Gustave. C'est une vieillerie digne d'un vrai grenier.

— Les souris vont nicher dedans, tu sauras bien me le dire...

— Et si jamais nous avons une fille ?

— Avec des si, on va à Paris. Pour le moment, nous avons un garçon, et j'en ai plein les bras.

— Tu devais être si jolie quand tu étais petite et que tu promenais ta poupée...

— Ah, fais donc ce que tu voudras ! concéda-t-elle impatientée, sourire en coin.

Ils descendirent à Lévis. Depuis le pont du traversier, dressés contre le vent de novembre dont ils protégeaient le bébé, ils regardèrent, émus, grandir le promontoire du cap Diamant et la masse de l'hôtel où ils avaient passé leur première nuit à deux. Cette fois, ils dormiraient à l'auberge de l'Intendant, juste en face de la gare. Au matin, ils prirent un convoi mixte, passagers et fret, roulant sur une voie ferrée en direction de Chicoutimi. La campagne des environs de Québec ne fit pas grande impression sur Marie-Laure: ce n'était après tout que de la campagne. Lorsque la forêt commença pour de bon, elle fut plus attentive. Déjà, elle en attendait la fin.

— D'après l'horaire, dit Gustave, nous devrions arriver à Rivière-à-Pierre dans trois ou quatre minutes.

Une demi-heure s'écoula, où ils avaient scruté constamment le mur sans faille des épinettes. Un autre passager leur expliqua:

— Il n'y aura rien d'autre à voir. C'était pas plus que ça, Rivière-à-Pierre. Nous avons longé la rivière un bout de temps, sans le savoir à cause des arbres et du ravin. Après, c'est encore le bois, le bois jusqu'au lac.

En proie à de vieux démons, Marie-Laure s'empara du bébé qui dormait sur la banquette et le serra dans ses bras jusqu'à l'étouffer. Si un rail sautait, si un arbre coupait la voie, si la locomotive tombait en panne! Si leur wagon se détachait! Ils seraient abandonnés à eux-mêmes en pleine nature hostile, ils n'auraient bientôt plus à manger, ils mourraient certainement de froid... L'année suivante, quelque trappeur retrouverait leurs squelettes récurés par dents et becs de charognards. Il jetterait sur leurs dépouilles un peu d'humus, quelques pierres, et disparaîtrait au plus vite en se signant deux ou trois fois...

Le bébé se mit à protester vigoureusement: non seulement on le traînait dans une espèce de cabane bruyante, tressautante et nauséabonde, non seulement on le manipulait sans précautions, mais encore on le maintenait méchamment la tête en bas! Marie-Laure se ressaisit, redressa et berça le rouspéteur. Elle confia timidement une partie de ses craintes à Gustave.

— Pauvre mignonne, tu te fais du sang de punaise pour rien, toi qui as tant voyagé. Les wagons sont soudés ensemble par des rotules d'acier à toute épreuve. Et si même elles lâchaient, elles sont doublées par d'énormes chaînes.

— Ah! Mais le charbon, on ne risque pas d'en manquer?

Ils poursuivirent dans cette veine jusqu'à ce que le convoi ralentisse, les bielles s'affolant, la vapeur giclant, la fumée jaillissant, la chaudière chuintant.

— Jésus Marie Joseph! Tu vois? Leur engin rend l'âme!

— Ce n'est qu'une pente un peu plus raide que les autres. On augmente la force.

— Et si on se mettait à glisser, à rouler par en arrière, à redescendre ? Rien ne pourrait nous arrêter...

— Rien, se moqua gentiment Gustave, et on s'en irait retomber dans le fleuve Saint-Laurent, et les anguilles nous suceraient le sang !

Sentant sa dignité menacée, Marie-Laure se tut, la lèvre boudeuse. Il avait beau dire, le fond des bois était revenu la menacer. Le train recommençait à prendre de la vitesse, elle se sentait soulagée. Mais elle eut le malheur de regarder dehors.

— Qu'est-ce que je vois là ?!

— Attends... Ben, de la neige, tout simplement.

— C'est ce que je croyais. Six pouces de neige déjà. Et tu nous emmènes vivre dans un endroit pareil !

Gustave aligna ses explications : ce ne devait être que la première, elle ne resterait pas au sol ; ils avaient gagné de l'altitude, ils en reperdraient avant d'arriver, les choses s'arrangeraient. Contre toute logique, Marie-Laure affirma :

— Moi, je pense que c'est resté de l'an dernier ! Même les fougères ne pousseraient pas, par ici. Même la mousse sur les rochers !

Gustave tâcha de lui parler de ce qu'il n'avait encore jamais vu. Il y aurait un lac si grand que ce serait comme une mer intérieure. Et des rivières innombrables qui se jettent dedans. Et le puissant Saguenay qui recueille leurs eaux dans ses fjords pour les mener à Tadoussac, et de là par le fleuve jusqu'au golfe et à l'océan.

— Arrête, je ne sais pas nager. Si tu continues, je vais me noyer dans tes beaux mots !

— Ce serait mieux si je te parlais de ouananiches, de martres, d'orignaux ?

— Toi ? Tu détestes la chasse et la pêche ! Et quant à devenir trappeur...

Ils atteignirent le lac Saint-Jean, hérissé de courtes vagues noires. À comparer aux forêts désertes, la gare de Chambord leur parut merveilleusement animée. L'on y débarqua des sacs de farine, de sucre et de fèves, des barriques de lard salé, du saindoux, des pièges en métal, du fil de laiton, des pelles, des pioches, des haches, des godendards... Leurs connaissements à la main, les gens de négoce réceptionnaient leur marchandise pour aussitôt la laisser répartir à bord de canots ou de la péniche à vapeur qui cabotait autour du lac, dans les chariots, ou sur le dos des hommes et des femmes. Il fallait se hâter d'aller à la rencontre du nord et de son hiver si long.

Marie-Laure en avait été distraite de ses préoccupations. Elle voyait des enfants morveux pendus aux jupes de leur mère, entendait des jurons savamment tricotés pour le plaisir de jurer, d'autres violemment proférés pour passer une rage et des cris aigus de femmes surexcitées.

— Ce sont de véritables païens, soupira-t-elle, ils ont l'air encore plus misérables qu'en Gaspésie...

— Il y en a de jolies pourtant, et de fraîches... Regarde celle-là, avec sa belle tête brune et son grand fichu jaune !

— Ah toi, tu les choisis un peu trop à ton goût, et jeunes que ça en a pas de bon sens !

— Mais...

— Gare à toi, je te surveille.

Au souvenir cuisant de ses faiblesses passées, Gustave baissa un instant la tête et s'efforça de regarder ailleurs. Il trouva un sourire pour Marie-Laure, caressa la joue du bébé. Il se levait afin de se dérouiller les jambes lorsqu'une exclamation leur parvint du dehors.

— Thaddée, Thaddée !

— Peuh, cingla Marie-Laure, elle a les yeux noirs comme des charbons, ta petite brune, et vois quelle retenue elle a quand elle appelle les hommes...

— Et si c'était son frère ?

En agitant le bras, la jeune fille sauta deux ou trois fois au-dessus des têtes qui lui obstruaient la vue :

— Hou hou, ici, Thaddée Chapdelaine !

— Éva ! lui répondit une voix de stentor. Viens-t'en, on remonte chez nous !

Elle se glissa entre les épaules costaudes et disparut en une fraction de seconde. Le train repartait.

— Elle est peut-être mariée, s'attrista Gustave.

— En plein ça, un pays de misère !

— Ah, parce que, le mariage, pour toi...

— Elle doit même pas savoir lire... pauvre enfant !

— Par contre, elle sait jardiner, faire les conserves, tisser la catalogne, saler le cochon...

— Ouache ! en plein le mot que tu ne dois pas prononcer devant moi ! En tout cas, si nous avons des filles, pas question qu'elles s'en aillent se morfondre à la campagne, c'est si rétrograde !

— Qu'est-ce que tu fais de Maria Chapdelaine, justement, et de sa fidélité aux siens ?

— Bel idéal, pris dans une histoire inventée !

— Louis Hémon a vécu dans les parages...

— Je te ferai remarquer qu'il a pas été long à repartir. Et puis un Français, ça connaît pas grand-chose de nos pays, ça se laisse impressionner d'un rien. On dirait qu'ils en sont restés aux coureurs de bois, point à la ligne.

Marie-Laure fut extrêmement soulagée de descendre du train à Chicoutimi, qui ne valait pas Saint-Pascal à ses yeux, mais dont elle croyait pouvoir se contenter en attendant que Gustave prenne du galon. Il y avait une église, des écoles, un dispensaire : l'essentiel.

— Nous y sommes ! Chicoutimi ! Tu as vu cette gare comme elle est magnifique ? l'encouragea Gustave.

— Elle est neuve, elle est propre. Nous n'aurions pas pu y habiter ?

— Le chef de gare occupe déjà le logement, mais il nous a trouvé quelque chose de provisoire avant que nous nous installions.

— Pour combien de temps ?

— Ça...

La saison était si avancée qu'il ne restait plus rien à louer d'acceptable pour l'hiver. Et la pension où ils s'étaient d'abord hébergés n'acceptait pas normalement les familles. Gustave avait bien repéré une assez jolie maison sur les hauteurs de la ville, mais le propriétaire, qui tenait à la vendre, refusait d'envisager la location. Il s'en fut solliciter l'avis du directeur de la caisse populaire, qui le reçut fort aimablement quand il apprit son rôle dans l'histoire de la caisse de Mont-Joli. Alors Gustave s'arrangea pour qu'une promenade les amène, Marie-Laure et lui, dans la rue en cause.

— Qu'est-ce que tu dirais d'habiter une maison comme celle-ci ?

— Elle est coquette, elle est bien située, mais elle n'est qu'à vendre...

— Chicoutimi, paraît-il, est en pleine expansion. Cette propriété doublera de valeur en quelques années.

— Tu ne veux pas nous faire rester ici « quelques années », non ? !

— Si nous partons, nous la louerons.

— Et tu as de l'argent pour l'acheter ?

— Tu sais bien que nos économies...

— Alors, ce n'est qu'un rêve creux.

— Pas si nous empruntons.

— De qui ? Personne ne nous connaît.

— Dommage...

— Tu es horrible de m'avoir fait désirer une maison qu'il nous est impossible d'avoir.

— Tu l'aimes donc tant que ça ?

— Si je l'aime ? C'est évidemment le quartier chic de cette ville !

— Il faut emprunter.

— Chimères !

— Nous n'aurions que cent dollars de capital à verser.

— Et le reste ?

— La caisse populaire...

— Et tu ne m'en avais pas parlé !

— Pour le capital, si j'écrivais à mes parents ?

— Je n'aime pas dépendre d'eux ni de qui que ce soit. Si je cherchais dans mon panier à ouvrage, peut-être...

— Hein ? Tu... Ne me dis pas... Espèce de... de... d'écureuil !

— Une petite réserve en cas de coup dur...

— Ah ? Parce que tu prévoyais...

— Si par exemple je m'étais rendu compte que ton comportement... Tu sais, après t'avoir retrouvé en si mauvais état à notre porte, je me suis mise à réfléchir.

— Et maintenant, tu considères que ça va ?

— Est-ce que j'ai le choix, débauché !

— Tu m'épateras toujours, ma belle blonde !

Ils emménagèrent dans cette maison trop grande pour eux et quasi dépourvue de meubles. Parant au plus pressé, Gustave réussit à échanger des services comptables contre un poêle à bois et une vingtaine de cordes de bouleau fendu. Il s'éreinta à en rentrer au plus vite la moitié à la cave et entassa l'autre moitié sous un petit abri exposé aux quatre vents. Marie-Laure, elle, entreprit de tout récurer, murs, planchers, plafonds, carreaux. Elle travailla si fort que ses mains gercées par le rude savon de pays menaçaient de se crevasser. Elle sourit en se rappelant Lucille, sa petite bonne du Grand-Fonds.

— Pourquoi si vite ? demandait Gustave.

— J'ai ma fierté.

— Pourquoi ne pas me laisser engager une fille ?

— Tu as le culot de me demander pourquoi ? De toute façon, nous n'avons pas les moyens. C'est ça ou manger...

— À t'entendre, nous ne pourrons jamais inviter qui que ce soit chez nous.

— Là, tu exagères. Lorsque j'aurai été présentée, il m'arrivera d'offrir le thé, avec des biscuits préparés par moi à la maison.

Gustave imagina la scène : des dames à gants, en voilettes et chapeaux, assises en cercle, par terre au salon.

XX

Jocelyn, le bébé, dut longtemps se satisfaire, pour dormir, d'un grand panier d'osier que l'on hissait au milieu de la table de cuisine : les courants d'air y étaient plus tièdes qu'au niveau du plancher. Au début, à Mont-Joli après l'hôpital, Marie-Laure avait voulu respecter la tradition et le nourrir au sein, mais le petit rechignait, jamais rassasié, et le docteur l'avait persuadée de passer au biberon. Elle en avait été secrètement soulagée, car elle ne voyait pas sans inquiétude sa poitrine gonflée et douloureuse bleuir sous la montée de lait. Et, devant le bourgeonnement de ses mamelons qu'elle avait observé avec malaise dans le miroir implacable de son poudrier, elle se défendait de ressembler à l'une de ces lourdes bêtes de ferme en période de lactation.

Les époux s'étaient eux aussi installés dans la cuisine, leur matelas sommairement posé sur le caisson de bois du déménagement. Ils s'y tiendraient au chaud, à portée de Jocelyn, sans devoir encore allumer la fournaise de la cave, grande dévoreuse de combustible. Ils feraient leurs ablutions à tour de rôle, devant le poêle. Gustave s'amusait de cette intimité improvisée, qui lui procurait des vues nouvelles sur les formes épanouies de sa femme, tandis que Marie-Laure, terminé son grand ménage, cherchait à toute force le moyen de s'aérer au plus vite. Comme elle s'ennuyait le jour, à ne plus travailler à l'extérieur, elle profitait de la nuit pour entretenir Gustave de tous les plans qu'elle échafaudait. Elle remontait leurs oreillers contre le mur, ils s'adossaient en ramenant leurs couvertures jusqu'au menton, et elle parlait, parlait, parlait, hypnotisée par la flamme qui dansotait à travers la prise d'air du poêle. Gustave l'interrompait parfois pour lui faire des déclarations d'amour. Ou bien il s'endormait à l'aube après avoir été remettre du bois, toujours bercé par les propos ininterrompus de Marie-Laure.

En échange de leçons particulières, elle dénicha un laideron de petite gardienne pour Jocelyn. Elle se donna ainsi la liberté de faire à ses voisines autant de « visites de courtoisie » qu'elle le voulait. Leur première curiosité se transforma vite en bienveillante indifférence, car elles étaient d'une autre génération que Marie-Laure, qu'elles trouvaient trop émancipée et trop instruite. Et puis, quelles invitations pouvaient-elles espérer de la part d'un jeune couple ambitieux qui n'avait pas même encore meublé salon ou salle à manger ?

Marie-Laure refoula donc ses fantaisies de dame rangée et, forte de son expérience d'institutrice, munie de toutes attestations utiles, elle sollicita une suppléance à l'école des filles. La religieuse qui la reçut ne lui laissa guère d'espoir : les effectifs étaient complets et, de toute façon, les parents n'appréciaient pas les enseignantes laïques... À la campagne, peut-être... Le rouge monta au front de Marie-Laure, qui battit en retraite après avoir essuyé une moue dédaigneuse. Lorsqu'elle raconta sa déconvenue à Gustave, elle en bouillait encore d'indignation.

Elle eut le courage de tenter une démarche semblable à l'école des frères, mais elle sut tout de suite, à l'émoi que sa seule présence causa dans les couloirs, qu'elle n'y aurait pas sa place. Le directeur lui suggéra d'offrir des cours privés à domicile. Comme une domestique, pensa-t-elle, quelle déchéance ! Et j'hériterais de tous les cancres de la ville.

Elle expédia à Sainte-Anne-de-la-Pocatière, à Saint-Pascal-de-Kamouraska, à Mont-Joli, et même à Cap-Chat, des épîtres vengeresses où elle se plaignait à tous vents de l'esprit étroit auquel elle était en butte. Sa mère Philomène lui conseilla la patience, tandis que son butor de père lui suggérait de faire enfin quelque chose de ses dix doigts et d'acheter un métier à tisser. Elle en conçut une furie noire qui la propulsa jusqu'au bureau de son nouveau curé, auquel elle n'avait pas encore été présentée.

L'échange fut circonspect d'abord, puis franchement cordial vers la fin. La visiteuse était aussi instruite que possible des vérités de la religion, sa moralité semblait sans tache, elle pouvait se réclamer d'une formation très honorable. Et il émanait d'elle un dynamisme dont la paroisse avait grand besoin. L'on verrait, avec les vicaires, à lui proposer une mission digne d'elle. Marie-Laure ne demanda pas davantage de précisions, elle trouvait ce curé parfaitement à son goût: d'une intelligence hors du commun, d'une civilité exquise.

Le dimanche suivant, au prône, le curé annonça, avec un rien de solennité, la nomination de madame Marie-Laure Brazeau en tant que responsable de la diffusion des brochures de l'œuvre de la Propagation de la foi. Gustave, qui gardait Jocelyn à la maison, ne put être témoin des regards curieux, admiratifs ou envieux braqués sur l'heureuse élue; non plus que de l'orgueilleuse modestie de l'intéressée, dont les veines du cou saillaient sous la tête bien droite.

Jusqu'alors, les fidèles n'avaient jamais aperçu ces publications que sur une table bancale à l'arrière de l'église. Elles étaient mangées de poussière, écornées, jaunies; le tronc décati qui devait recevoir le prix qu'on devait les payer restait désespérément vide. Marie-Laure, qui avait reçu carte blanche à la condition de réussir, réquisitionna l'homme à tout faire de la paroisse pour qu'il recolle, revisse, repeigne la table et qu'il bricole un tronc flambant neuf. À deux, ils placèrent ensuite le tout au beau milieu de l'allée centrale, en dépit des mises en garde du brave homme.

— Monsieur le curé sera pas content, oh non, il va pas être content... Surtout, dites-lui pas que vous m'avez fait brûler ses vieux tracts, je perdrais ma place!

Une demi-heure avant la prochaine grand-messe, Marie-Laure extirpa de leurs cartons des piles de brochures fraîches, chipa une superbe nappe de velours grenat dans la sacristie, dont elle enveloppa entièrement la table. Elle disposa joliment les brochures, en éventail, comme des cartes à jouer. Mais, plutôt que d'aller se recueillir discrètement dans une chapelle du déambulatoire et de prier pour le succès de son entreprise, elle rangea son manteau sous la table et, resplendissante, dans sa longue robe blanche ornée d'un ruban bleu au corsage, elle se campa debout, le dos au chœur, les bras croisés.

Les plus pieux arrivèrent d'abord. Dame veuve Hermeline Archambault, qui se faisait un point d'honneur d'arriver toujours la première à l'office, pensant par là prouver qu'elle était également première en dévotion, crut voir un ange et se réengouffra dans le vestibule afin de chuchoter le prodige en primeur. Par grappes hésitantes, les nouveaux arrivés s'agglomérèrent sous les tuyaux de l'orgue, abandonnant le monde des apparitions à dame Hermeline, qui dans son vestibule menaçait d'être écrasée par la presse. Impressionnés par le dispositif et croyant qu'il s'agissait d'un jeu liturgique inédit, certains voulurent remonter la nef par les allées latérales, ce que Marie-Laure stoppa net en ouvrant les bras, leur faisant signe de s'avancer vers elle, usant de son sourire le plus engageant. Se suivant de près, ils défilèrent de part et d'autre de la table, osant à peine regarder l'ange blanc, leurs yeux flottant au-dessus des brochures et du tronc. Aucun toutefois ne s'arrêta. Marie-Laure serra les dents.

Elle resta ainsi, debout à son poste, même si elle avait l'air de manquer de respect au célébrant. Elle reçut le sermon derrière la tête, comme une giboulée glaciale d'avril. Pas un mot sur la Propagation de la foi, elle était abandonnée à elle-même. À l'offertoire, elle changea simplement de côté, tournant cette fois le dos au jubé du fond. Lorsqu'elle s'avança vers la balustrade pour communier, instinctivement, on la laissa passer d'abord. Elle s'agenouilla derrière sa table jusqu'à la fin de la cérémonie. On aurait dit sa tête, avec ses boucles blondes, détachée de son corps et posée sur la nappe de velours parmi la littérature pieuse. Au moment où les premiers bancs commençaient à se vider, elle se releva plus séraphique que jamais, prit dans ses mains quelques brochures pour mieux les montrer, et regardant chacun droit dans les yeux, elle fit ses premières ventes aux familles de notables qui estimaient devoir prêcher d'exemple, surtout en pareilles circonstances où leur visibilité était au maximum. Alors, depuis le perron à l'extérieur où les mécréants fumaient déjà leur pipe, il y eut un vaste mouvement de reflux vers l'allée centrale : on s'arrachait littéralement les brochures. Dame Hermeline avait été laissée pour compte, elle en pleurnichait de déception devant la lampe du sanctuaire.

L'église se vida et Marie-Laure épuisée se laissa choir au sol. Elle avait été si attentive à sa tâche, si tendue, que maintenant délivrée, elle ne pouvait que pleurer à chaudes larmes, ramassée sur elle-même comme si elle avait été menacée de se perdre. Longtemps après, alors qu'elle avait remis son manteau et qu'elle s'apprêtait à aller porter la recette au presbytère, un vicaire survint, l'air extrêmement embarrassé.

— Je me charge du tronc. Monsieur le curé me prie de vous dire qu'il est satisfait de vos résultats, mais qu'il s'interroge encore sur vos méthodes. Il vous convoquera sans doute au cours de la semaine.

Marie-Laure rentra défaite à la maison. Jocelyn se mit à hurler en la voyant. Gustave attendit la nuit pour lui poser des questions. Il était inquiet et fier d'elle à la fois. Il la prit dans ses bras, ils s'étreignirent et ils s'aimèrent mieux que jamais.

— Maintenant, lui souffla-t-elle lorsqu'ils eurent un peu dormi, je sais que je peux vraiment te faire confiance, et je te pardonne du fond du cœur ta débauche de Mont-Joli, que j'avoue ne t'avoir pardonnée d'abord que du bout des lèvres.

— C'est notre deuxième lune de miel.

— Si j'ai conçu un enfant cette nuit, je suis sûre qu'il sera extraordinaire !

— Comme Jocelyn. Il crie fort, mais lui aussi est extraordinaire...

Le curé Larouche réserva à Marie-Laure un accueil beaucoup plus chaleureux qu'elle ne s'y attendait. Il l'encouragea dans son entreprise en se contentant de glisser, tout à la fin, que les tenues flamboyantes pourraient être réservées à Noël, à Pâques et à la Toussaint. Les semaines passèrent, les ventes progressaient, les stocks baissaient, il fallut passer de nouvelles commandes auprès des publications diocésaines.

— Ma ratoureuse ! dit Gustave en jetant un coup d'œil aux comptes. Tu réalises un chiffre d'affaires que bien des commerçants t'envieraient !

— Ils n'ont qu'à faire comme moi: partout, je vante la marchandise et je suis les choses de très près. Rien de sorcier, quoi...

La remarque de Gustave, toute de velours selon les apparences, lui était restée en tête. Et elle finit par admettre ce que les mots mêmes qu'il avait employés voulaient dire. Elle faisait commerce de la religion. Était-ce mal ? Sans doute non, puisque les autorités ecclésiastiques et les fidèles l'encourageaient ouvertement. Alors, c'était légitime.

— Monsieur le curé, demanda-t-elle lors d'un entretien qu'elle avait sollicité, êtes-vous toujours content de moi ? Vous l'êtes ? Parfait. Considérez-vous que je travaille pour la Propagation de la foi ?

— Très bien et très fort.

— Je vous fais, si je ne m'abuse, réaliser des bénéfices ?

— Que nous reversons aux bonnes œuvres, mon enfant. Grâce à vous, qui êtes habitée par le Seigneur.

— Avez-vous eu le temps d'informer le Seigneur que Gustave et moi, nous couchons encore par terre dans notre nouvelle maison ?

— ...

— Gustave pense que c'est mauvais pour une femme enceinte.

— Ah, parce que... Évidemment.

— Que pensez-vous de l'adage selon lequel tout travail mérite salaire ?

— Entièrement d'accord. Vous accumulez par vos efforts d'immenses mérites, qui vous profiteront dans l'autre monde. Car vous croyez à la vie éternelle, n'est-ce pas ?

— Soyons plus terre à terre. Le papier de nos brochures, quelqu'un le fabrique, forcément ? Et ce quelqu'un s'appelle bûcheron, chef de chantier, draveur, ouvrier, papetier, manutentionnaire, chauffeur, et j'en passe.

— Où donc nous amenez-vous, chère Marie-Laure ? Vous n'allez quand même pas vous comparer à des... tâcherons. Vous valez mieux que cela.

— Pourtant, monsieur le curé, ces ouvriers touchent salaire. Est-ce que je vaux moins qu'eux? Vous sembliez dire...

— Ma fille, arrêtez! Vous me faites peur. Votre raisonnement, que vous poussez à bout, risquerait d'éliminer tout dévouement! Désirez-vous donc la mort du bénévolat?

— Plusieurs profitent de mon bénévolat, et je ne citerai pas de noms. Je me contenterai de réclamer un partage plus juste.

— Mais déjà...

— Pour le bonheur et le bien-être de ma famille, je suis prête à céder, en retour, quelques-uns de mes bénéfices accumulés pour la vie éternelle.

— Vous me troublez, madame Brazeau. Vous m'ébranlez... Je reconnais qu'il y a du vrai dans ce que vous dites. Accompagnez-moi à l'église, nous prierons pour que Dieu nous éclaire, vous, moi et la paroisse.

— Mes dévotions du jour sont faites, monsieur le curé. J'espère que nous trouverons un terrain d'entente.

— Et si ce n'était pas possible?

— Alors, je me consacrerais aux pauvres plus directement, sans faire détour par vos brochures.

— Je vous entends, ma fille. Vous êtes limpide comme le diamant et dure comme lui.

XXI

Le curé de Chicoutimi ne céda rien sur les principes: les brochures de l'Œuvre de la Propagation de la foi continueraient d'être diffusées bénévolement. Chacun, sauf Marie-Laure et peut-être aussi Gustave, approuva sa fermeté. Toutefois, afin de ne pas perdre les talents de son ouaille, le bon pasteur imagina de les troquer contre le monopole de la vente du tissu des uniformes de tous les écoliers de la paroisse. La maison des Brazeau était vaste, l'on transformerait sans difficulté l'une de ses pièces en boutique de mercerie. Cela ne pouvait mieux tomber, la titulaire antérieure du monopole, une vieille fille claudicante et sèche, venait providentiellement de trépasser. Il suffirait d'ouvrir un crédit chez les grossistes Lalonde et Tranchemontagne de Québec. Devant cette proposition inattendue à l'extrême,

Marie-Laure ne put que rester de glace : si elle gardait un faible pour les belles toilettes, les uniformes n'avaient pas de quoi l'enthousiasmer. Elle ne connaissait de la couture que les drapés « artistiques » de ses mois de Marie couventins et elle se méfiait des bénéfices trop faciles. Elle voulut réfléchir, le curé la jugea redoutable négociatrice.

Avec Gustave, dont la formation en commerce venait à point nommé, elle fit l'analyse des sommes à investir, du rythme des achats, des coûts de transport, des taxes et impôts, et enfin des bénéfices à escompter. D'où viendrait l'argent de départ ? La Caisse populaire ne pourrait les soutenir, endettés qu'ils étaient par l'achat de leur maison. Et emprunter du notaire ou de simples particuliers, c'était se condamner à payer des intérêts faramineux. Trouver un partenaire, c'était couper les profits en deux. Quant à la famille, Marie-Laure préférait s'en passer...

— Monsieur le curé, lança-t-elle tranquillement, j'accepte de m'occuper des uniformes. À deux conditions. D'abord vous me prêterez votre homme à tout faire pour fabriquer un comptoir, des étagères, le strict minimum. J'ai aperçu dans la remise du presbytère des planches dont vous ne vous servez pas. Ensuite, pour payer les fournisseurs au début, ou bien vous garantissez vous-même mon crédit, ou bien vous m'avancez le nécessaire, sans intérêt. Vous n'aurez qu'à prélever ce qu'il faudra dans le tronc des brochures.

— Mais...

— Étant donné les sommes et le travail en cause, vous devrez obtenir des écoles qu'elles s'engagent pour cinq ans à n'acheter que de moi. Par écrit.

— Ce serait délicat...

— Vous m'avez offert un monopole que vous n'avez pas limité dans le temps, un monopole indéfini. Tout ce que je vous demande, moi, c'est un engagement clair de cinq ans. Ainsi je réduis la portée de vos promesses, vous devriez vous estimer heureux.

— Bon...

— Et j'oubliais, votre ménagère devra m'apprendre ce que j'ignore de la couture.

Il y eut des tiraillements. Les écoles craignaient de s'avancer à l'aveuglette et de déplaire aux parents. Certaines religieuses avaient dans leur entourage d'excellentes personnes qui auraient tout aussi bien pu faire l'affaire que cette madame Brazeau encore fraîchement débarquée. Le curé ne put obtenir qu'une année à l'essai, suivie s'il y avait lieu de quatre ans fermes. En échange de cette concession, il refusa tout net de fixer à trois pour cent la marge bénéficiaire du futur commerce, comme on le pressait assez chafouinement de l'exiger, dans l'espoir de faire échouer l'entreprise et de la reprendre en sous-main. Marie-Laure se laissa convaincre par Gustave qu'elle ne pouvait espérer davantage.

Même enceinte de six mois, elle partit à Québec «magasiner pour son nouveau magasin». C'était son premier voyage solo, elle s'y jeta comme dans une escapade, une joyeuse échappée vers cette ville qu'elle rêvait toujours d'habiter. Le train lui parut rassurant cette fois, qui la transportait vers des régions qu'elle estimait plus civilisées.

Sa beauté radieuse, avec la proéminence de son ventre, lui valurent plus d'égards qu'elle n'en aurait eu normalement. Les messieurs surtout lui ouvraient toutes les portes leur chapeau à la main.

Les employés de gros exécutaient ses commandes en priorité, si bien qu'elle eut terminé bien avant le terme qu'elle s'était assigné. Lorsqu'elle se fut assurée que tous ses cartons avaient été regroupés dans l'entrepôt de fret de la gare du Palais, elle songea à sa sœur Imelda, installée depuis quelque temps dans le quartier Saint-Sauveur, où son mari était employé de laiterie. Elle était sûre de les impressionner passablement tous les deux.

Sitôt arrivée chez eux, Marie-Laure dut se justifier d'être descendue à l'hôtel. Mal à son aise, elle tira prétexte de la commodité, de trop nombreux rendez-vous d'affaires et d'un certain prestige dont le commerçant avisé se devait de donner les signes extérieurs. Sur quoi le mari d'Imelda, certainement mal dégrossi, se mit à siffloter en prenant l'air absent. Imelda rougit, toussa et s'en fut chercher le thé. Marie-Laure refusa les biscuits qu'on lui présentait en laissant entendre que la mode était plutôt aux canapés ou aux sandwiches multicolores. Le mari se leva d'un bond pour disparaître dans la rue en invoquant une urgence subite.

La douce Imelda parvint à sourire à sa sœur. Elles s'embrassèrent enfin, puis se dirent les nouvelles sans désemparer jusqu'à minuit. Imelda avait parlé surtout d'Isidore alors que Marie-Laure aurait voulu entendre parler exclusivement de Philomène. N'importe, elles bavardèrent jusqu'à épuiser tous les sujets qui allaient de soi.

— Imelda, je trouve que Jourdain ton mari rentre bien tard à la maison.

— Bah, il aura rencontré des amis, tu ne peux pas savoir comme il est sociable !

— Tu n'as pas peur que... qu'il se... dissipe ?

— C'est un si brave homme...

— Homme tout de même, comme je l'ai appris au couvent. Enfin, si tu as confiance...

— Parce que toi, ton mari, il a... je veux dire, il te...

— Je n'ai jamais rien laissé entendre de tel, tu m'as comprise!? Jamais!

— Non, non, bien sûr, excuse-moi. Changement de propos, comment vas-tu faire pour tenir maison, t'occuper de deux enfants et gérer ta boutique en même temps? Ça me paraît impossible.

— La providence...

— Sois donc raisonnable, le pétrin, c'est toi qui te mets dedans, la providence ne te doit absolument rien.

— Erreur, je m'occupe aussi de la Propagation de la foi.

— Il ne manquait plus que ça! En plus du reste.

— Il faut progresser dans la vie.

— Tu fais pitié à force d'être ambitieuse. Pour tes couches, je monterai à Chicoutimi te donner un coup de main.

— Tu n'y penses pas! Et ton mari?

— Il me fera confiance. Et il m'aime.

— Ah, puisque tu le dis. Gustave, c'est pareil, non c'est mieux: il m'adore.

— Tant que ça? Tu cacherais pas des choses à ta grande sœur, des fois?

Marie-Laure abandonna les lieux aussi vite que Jourdain l'avait fait quelques heures auparavant. Elle n'allait pas se plaindre des choix qu'elle avait elle-même faits. La famille qu'elle construisait lui appartiendrait en propre, advienne que pourrait. Elle alla jusqu'à se demander si Imelda était la personne indiquée pour l'assister lors de la venue de son second enfant. Elle aviserait... Mais vivement à Chicoutimi !

Gagnon, l'homme à tout faire du curé, se laissant de plus en plus volontiers conscrire sans attendre d'instructions précises de son patron, Marie-Laure lui fit encore poncer et vernir son comptoir et ses tablettes, disposer les pièces de tissu de haut en bas, du noir au marine au gris au blanc. Les poings sur les hanches, elle prenait de la distance pour juger de l'effet : non, ça n'allait pas, il fallait remonter dans l'escabeau, dérouler soigneusement de quelques centimètres, afin d'obtenir un beau reflet moiré sous la lumière. Voilà, c'était beaucoup mieux, mais quelque chose clochait encore. Juché en équilibre précaire, Gagnon la regardait prendre de nouveau du champ, varier les angles, fermer les yeux, se gratter délicatement la nuque. Pas la peine de descendre s'il lui fallait aussitôt remonter. Elle eut un éclair : tout était parfait, mais trop soigné. Avait-on idée de laisser pendre partout exactement la même longueur de tissu ? Gagnon voulut protester : il n'avait fait que ce qu'on lui avait dit. Non, le bousculait Marie-Laure, cela faisait trop amateur. Il fallait que la première cliente imagine avoir été précédée de beaucoup d'autres, le chaland attire le chaland. Donner l'impression d'un débit rapide, constant. Elle indiqua à Gagnon la variété des longueurs, puis l'invita enfin à redescendre se dérouiller les jambes en exigeant son approbation, qu'il donna d'enthousiasme. Elle, pourtant, entretenait un dernier doute. Elle reprit ses manœuvres d'évaluation et comprit : les pièces étaient toutes impeccablement parallèles au rebord de la tablette, cela faisait apprêté. Les genoux encore raides, Gagnon remonta et, en voulant faire un peu trop vite, un peu trop bien, il les poussa de guingois à la diable, si bien que Marie-Laure horrifiée jura qu'il fallait tout reprendre à zéro. Le pauvre homme en éprouva une commotion telle qu'il faillit choir de son escabeau. Marie-Laure se ravisa et adoucit ses exigences: un peu plus droit partout, et elle pourrait s'estimer satisfaite. Jusqu'au lendemain. Gagnon eut la naïveté de la croire. Il avait rangé ses outils, endossé son manteau.

— Ah non, mon ami !
— Non ? Vous voulez pas qu'on remette comme c'était au début, j'espère ?
— Qu'allez-vous penser ! Est-ce que je vous ferais travailler pour rien, moi ?
— ...
— Vous n'avez pas songé que le tissu, il faut pouvoir le me-su-rer ?
— Vous songez ben assez pour nous deux.
— Vous allez tout de suite me visser deux grandes règles de bois sur le comptoir, l'une à la suite de l'autre, bien à la vue pour que les clientes ne nous soupçonnent pas de les rouler...
— Moi, je n'ai jamais...
— « Nous » est une façon de parler, voyons, pauvre vous ! Un petit effort, quatre vis, ce ne sera pas long. Vous êtes si adroit...
— C'est ben parce que c'est vous, madame Marie-Laure...
— Oh oh, non seulement vous êtes habile, mais galant en plus !

Surexcitée par l'ouverture prochaine de son commerce, Marie-Laure passait des nuits entières à revoir mentalement son inventaire, à peaufiner ses listes d'invités. Le coquetel d'inauguration ne laisserait personne indifférent, le punch aux fruits serait charpenté, avec une délicieuse robustesse, d'un petit rhum des Îles qui délierait les langues. Les journalistes du *Progrès* seraient choyés comme des célébrités, une visite préliminaire des lieux leur serait spécialement destinée. Et leur photographe serait pressé de s'attarder tout au long du cinq à sept s'il le voulait bien: on lui ferait voir des écoliers et des écolières dont son objectif ne se rassasierait pas.

Au son du magnifique gramophone de Marie-Laure, qui trônait sur le comptoir fraîchement verni et distillait en sourdine une musique du meilleur ton, chacun fut accueilli avec une chaude cordialité, ou par Gustave, ou par la nouvelle marchande. L'ordonnancement des lieux, la gamme des coloris firent impression. Mais, ce que personne n'oublierait, ce serait le pittoresque défilé des enfants habillés par les soins de la maison. Marie-Laure tapa trois fois dans ses mains, le silence se fit, l'on s'attendait à quelque discours. Ce fut la porte du couloir qui s'ouvrit, sur les frimousses timides et ravies de galopins maladroits qui se précipitèrent, malgré les gros yeux de Marie-Laure, en se bousculant vers le centre de la pièce, chacun voulant éloigner l'autre pour pouvoir exhiber à son aise une élégance inespérée. Leurs mères, invitées pour faire nombre et pour soutenir le bouche à oreille ultérieur, poussèrent des oh! et des ah! de satisfaction orgueilleuse. Elles-mêmes n'auraient jamais pu imaginer pareille prestance à leur progéniture. Spontanément, elles applaudirent, aussitôt imitées par toute la fête. Avec une tyrannie pointilleuse, le photographe passa le reste du temps à tirer les portraits réclamés par les parents et à composer et recomposer artistement des scènes de groupes dont il se montrait perpétuellement ravi. Cette orgie d'images resterait un quart de siècle accrochée aux murs des salons chicoutimiens.

Le lendemain matin dès sept heures, des curieux étaient agglutinés avec des clients, contre la porte d'entrée. Marie-Laure, qui n'en espérait pas tant, les fit patienter dehors deux minutes, le temps de finir le gavage matinal de Jocelyn. Gustave était à la gare depuis six heures. Cette première journée fut éprouvante et instructive. Marie-Laure prenait mentalement des notes. Il faudrait: afficher les heures d'ouverture (autrement, ils finiraient par venir en pleine nuit), établir fermement la règle du premier arrivé premier servi (malgré les prétentions à la préséance de quelques «aristocrates» de noblesse bien récente), prévoir une nouvelle gardienne pour Jocelyn (autrement, on l'accuserait de négliger l'enfant) et trouver de l'aide pour emballer lors des périodes de plus grand achalandage. Ce qui, de surplus, inquiéta et mortifia beaucoup Marie-Laure, c'est que, malgré toutes ses précautions, elle n'avait pas pensé à tout. Sa deuxième cliente avait réclamé un dé à coudre et la boutique n'en avait pas. Pas plus que de losanges à enfiler le fil dans le chas des aiguilles. Horreur et embarras!

Gustave la trouva bien catastrophée pour des détails auxquels il n'était pas difficile de porter remède.

— Quoi?! Tu n'as pas l'air de savoir que c'est ma réputation qui est en jeu!

— Que tu prends les choses à cœur!

— Ce sera ma devise dans le commerce: prendre, comme tu dis, les choses à cœur.

— Je t'aime, Marie-Laure.

— Tu ne me feras pas changer d'idée : je dois me procurer ce qui me manque au plus vite.

— Tu sais, que tu le veuilles ou non, il te manquera toujours quelque chose.

— Ah non par exemple, pas à moi !

— Et si tu trouvais moyen de passer commande très vite à Québec, pour les cas d'urgence ?

— Ça...

— Par la poste, ou même par télégraphe. Je m'y connais...

— À qui télégraphier ?

— À tes grossistes, bien entendu.

— Je n'aurai pas la priorité, je suis trop débutante pour eux.

— Dans ton état, tu ne peux tout de même pas partir toutes les semaines faire tes achats à Québec !

— Ah, ce serait le mieux, ce serait la seule façon d'être certaine...

— Et Imelda, ta sœur ?

— Inutile, elle vient s'installer chez nous pour mes couches, rappelle-toi.

— Jourdain est l'homme de confiance à la laiterie où il travaille.

— Peuh ! Il sort seul un peu trop souvent à mon goût.

— Et après ? S'il s'occupe fidèlement de prendre tes commandes et de les mettre à bord du train ?

— Je me demande pourquoi tu as tant de préjugés favorables à l'égard des gens de Cap-Chat, hein ?

— Devine...

XXII

Tout se passa très vite. Marie-Anne vint au monde sans se faire le moindrement prier, en dépit du mauvais présage contenu dans une carte anonyme de « prompt rétablissement après grave maladie ». Si Marie-Laure, l'esprit à tout autre chose, n'en fut guère émue, Gustave, lui, éprouva une rage bleue. Il écrivit à Georgiana une lettre indignée, injuste à son endroit: il exigeait de ses parents qu'ils contrôlent enfin leur idiote de fille, qu'ils usent pour une fois d'autorité pour faire rentrer Alma dans les bornes d'une conduite acceptable et qu'ils lui interdisent à jamais tout contact avec Marie-Laure.

C'est Honoré qui lui répondit, un long mois après. Gustave avait eu tout le temps de regretter sa lettre trop violente. Honoré disait comprendre sa furie, mais ne pas l'approuver. Eux, à Mont-Joli, étaient toujours sans nouvelles de leur fille, dont ils n'avaient même pas l'adresse. Mais puisque Gustave avait reçu une carte, peut-être pourrait-il essayer de renouer contact? S'il refusait, ils comprendraient, mais qu'il leur écrive bientôt et plus souvent, les nouvelles ne devaient pas toutes être mauvaises. Gustave eut honte de son emportement et leur écrivit à tous les deux une longue lettre affectueuse, où il faisait surtout état des réussites de Marie-Laure. Mais il n'avait pas non plus l'adresse d'Alma, qui se cachait tout en portant ses coups de griffes.

Imelda n'eut guère besoin de soutenir Marie-Laure, qui se portait comme un charme et tenait à s'occuper en plus de Jocelyn comme jamais avant la naissance de sa fille. Imelda fut donc affectée à la boutique, où elle se créa bientôt une réputation d'habile couturière et d'affable personne. Toutes celles qu'avaient pu intimider le langage dru et les manières décidées de Marie-Laure prirent leur revanche et devinrent des assidues. Tant mieux, pensait Gustave, la clientèle s'élargit. Ah, rageait Marie-Laure, je ne laisserai pas ma boutique se transformer en salon de papotages, j'y mettrai bientôt le holà.

Imelda n'était pas arrivée depuis trois semaines qu'elle se fit sermonner:

— Tu n'as pas peur que Jourdain se languisse de toi?

— Mais voyons, il sait que tu as besoin...

— J'aurais pu avoir besoin de toi. Maintenant, tout va bien, tu peux t'en retourner. De toute façon, vous me rendez autant service là-bas. Dis à Jourdain que j'apprécie son zèle, sa ponctualité.

J'espère pouvoir lui verser bientôt un dédommagement. Et merci à toi, ma grande sœur!

Jour après jour, Marie-Laure relevait de nouveaux défis, affrontait des problèmes inédits pour elle. Les tissus qu'elle vendait étaient de bonne qualité, cela s'était vu lors du défilé de mode à l'inauguration. Mais il fallait que la confection soit à la hauteur du produit de base, faute de quoi la clientèle serait déçue. Et comme la plupart cousaient en amateures, à la maison, le soir ou la nuit après les fatigues de la journée... Sans rien dire à personne, elle envoya un uniforme de garçon et un de fille au tailleur de ses fiançailles, à Sainte-Anne-de-la-Pocatière. Monsieur Abousafi, touché que Marie-Laure repense à lui, s'empressa de lui confectionner, dans du carton solide, deux jeux de patrons avec tracés décroissants, afin qu'ils conviennent aux petites comme aux grandes tailles. Il s'excusa de lui réclamer quelque argent — à sa discrétion — et lui souhaita la meilleure des chances dans le négoce. Alors, Marie-Laure se mit elle-même à travailler le soir, dans une pièce en retrait de sa boutique: elle découpa, à même du papier souple et soyeux, des centaines de copies de ces modèles. Et elle confectionna au pochoir une rutilante affiche rouge: quiconque achèterait le tissu d'un uniforme complet recevrait GRATUITEMENT un patron qui garantirait la beauté et la précision du travail. L'initiative entraîna un surcroît de ventes dont Marie-Laure se frotta les mains.

Le plus pénible fut de décider si la maison ferait crédit ou non. La première demande en ce sens provint d'une pauvre femme dépenaillée, qui tenait pourtant à ce que ses enfants paraissent bien à l'école. Pathétique, la tête basse, elle offrait de rembourser à raison de quelques sous par mois. Marie-Laure en eut d'abord les larmes aux yeux. Puis elle se mit à calculer jusqu'à quand cela mènerait. Seize mois, au-delà de sa propre période de probation! C'était impossible! Elle refusa la mort dans l'âme, en expliquant qu'elle ne pouvait malheureusement faire crédit à qui que ce soit. Mais le dimanche suivant à l'église, à côté du tronc des brochures de la Propagation de la foi, elle installa une tirelire ménagée dans une boîte de conserve et munie d'une étiquette: « Pour l'uniforme des enfants nécessiteux. » Le curé, non prévenu de la manœuvre, craignit un détournement des fonds de la foi au profit des écoles et de la marchande de tissus. Il le signifia vertement. Marie-Laure, penaude, dut reconnaître qu'en effet les apparences étaient contre elle.

— Mais cette pauvre femme avait l'air si humiliée... Comment faire?

— Ne laissez pas une charité trop primesautière nuire à l'œuvre de Dieu.

— Avec des principes pareils, autant envoyer tout le monde au diable. J'ai une idée: comptez votre recette, je compterai la mienne. Bon. Avez-vous moins que la semaine dernière?

— Euh... je crois... eh bien non. Étonnant.

— Et moi, dans ma tirelire, j'ai recueilli de quoi secourir ma pauvresse.

— Mais cela ne prouve pas...

— Je m'engage à ne pas remettre ma tirelire à côté de votre tronc à moins d'avoir de nouveau un cas précis à soulager. En conscience, vous ne pouvez refuser. Y réfléchir davantage insulterait le Seigneur.

— Comme vous y allez! J'ai peine à vous suivre. Soit, j'accepte, mais j'exige que vous me préveniez chaque fois, en me disant à qui l'aide est destinée.

— Si vous ne risquiez pas de me trouver trop primesautière, je vous embrasserais!

Gustave approuva la décision de sa femme, et quant au crédit, et quant à la charité. Il rappela que les marchands les plus mal pris, lors de la grande Crise, avaient été ceux qui avaient fait crédit au petit bonheur la chance.

— Tu devrais mettre un écriteau dans la boutique...

— Oui, peut-être, mais ce serait un peu sec, il faudrait quelque chose pour compenser. Et si je garantissais la marchandise?

— Ce ne serait pas prudent pour les débuts, à moins que cette garantie te provienne de ton grossiste, qui lui-même l'aurait obtenue de ses fabricants.

— Alors, je m'engagerai sur les prix: «Vous ne payez pas plus cher qu'à Québec.» Qu'est-ce que tu en penses?

— Si tu crois pouvoir tenir promesse...

— Je m'arrangerai.

— Ah, je voulais te dire, je pense beaucoup à Chicago ces temps-ci.

— Pardon?! Veux-tu bien... Non, ça n'a aucun sens, pas avec deux enfants, une maison à payer, une boutique à monter!

— Non, non, vous restez ici.

— Pendant que môssieu prendrait le large? Jamais!

— Je n'irais que trois ou quatre fois...

— Tiens donc, et quoi faire?

— À l'université, il y a des cours par correspondance, de *Railway Traffic Management*.

— Ho, tu vas me traduire !

— Gestion de la circulation ferroviaire.

— Admettons. Et après, tu t'imagines que la société C.N.R. va oublier que tu t'appelles Brazeau ? S'ils voulaient t'accorder un avancement rapide, tes performances et tes diplômes actuels y suffiraient bien.

— Je suis déjà télégraphiste...

— Oui, mais tu as dû conquérir le poste de haute lutte, et tu vaux mieux que cela. Tu ne voudrais pas plutôt devenir expert-comptable et développer ta clientèle de commerçants ? Moi, je te donnerais du travail, en tout cas.

— Les grandes sociétés peuvent avoir du bon. Depuis que nous sommes syndiqués, nous espérons obtenir une retraite, des jours de maladie. Il me semble que pour votre sécurité, à toi et aux enfants...

— Je ne sais pas. Qui peut prédire l'avenir ? Tu dis toi-même qu'il y a de plus en plus de routes et de camions et d'autobus. Si tu restes à leur emploi, autant viser tout de suite l'échelon suivant, tu ne crois pas ?

— Chef de gare ? À mon âge ? Alors que mon père...

— Sentimental ! Tu sais bien qu'Honoré serait le premier à se réjouir si tu grimpais plus vite que lui ! D'ailleurs, il serait encore plus content si tu quittais les chemins de fer.

— Il te l'a dit !

— Je le sais, c'est tout.

— Ah... Marie-Laure, voilà ce que je vais faire : comme tu le souhaites, j'entreprends les démarches pour changer de corps d'emploi, et aussi, en même temps, je m'inscris à l'Université de Chicago.

— Cabochon ! Dans ce cas-là, j'irai à Chicago avec toi pour la remise des diplômes.

Ils l'espéraient si peu, cette promotion rapide de Gustave, qu'ils ne prirent pas la peine de discuter ce qui arriverait s'il l'obtenait. Pourtant, quelques mois plus tard, au moment où Marie-Laure planifiait déjà sa seconde année commerciale, Gustave incrédule en reçut la nouvelle, accompagnée d'un ordre de déménagement. Assis devant les appareils à télégraphier de la gare de Chicoutimi, il posa la pointe des doigts de ses deux mains entre ses yeux, appliqua ses coudes sur la table et exhala un profond soupir.

Lorsqu'elle fut mise au courant, Marie-Laure sauta au cou de Gustave et longtemps, debout ils se tinrent enlacés, l'un berçant l'autre comme si, à travers leur grande joie commune, risquait de percer un chagrin dont ils auraient voulu à l'avance se consoler mutuellement.

— C'est loin d'ici ? voulut savoir Marie-Laure.

— Ils ne nous ont pas fait de cadeau cette fois-ci non plus.

— Roberval ?... Trois-Rivières ?...

— Ç'aurait été trop beau.

— Alors quoi ?

— Villemontel.

— Mon manuel de géographie n'en parle pas. C'est au Québec, au moins ? C'est une ville, une petite ?

— Très petite. D'après ce que j'en sais, c'est un village de colonisation bâti autour d'une gare minuscule.

— Ça ne ressemble pas à Kedgwick, où ils avaient exilé ton père ?! gémit Marie-Laure en repoussant Gustave.

— Au moins, il y a un peu d'agriculture, et nous nous retrouverons parmi les nôtres.

La lèvre de Marie-Laure trembla, et des larmes en chapelet se mirent à tomber sur ses mains devenues exsangues. Pas un instant elle ne chercha à cacher son angoisse, elle sombrait. Dieu sait combien de leurs belles années ils perdraient dans ce lointain village plus petit encore que Cap-Chat ! Et tout le travail qu'elle avait consacré à sa boutique, tout cela s'envolerait en fumée ?

— Amos ne sera pas si loin. On dit que ça vaut bien Chicoutimi...

— Et nous resterions coincés au nord, en Abitibi ! Les religieuses de Saint-Pascal nous l'ont appris : là-haut, c'est presque la toundra et le permafrost. Invivable !

— Nous vendrons facilement la maison maintenant qu'elle est connue...

— ...

— Et ton fonds de commerce a pris de la valeur.

— ...

Marie-Laure ne daigna plus desserrer les dents, sauf pour jeter :

— Besoin de réfléchir. Je pars à Québec.

Les enfants furent confiés à deux gardiennes différentes. Marie-Anne, placide et enjouée, une enfant facile, fut réclamée par les voisins et les amis, qui se l'arrachaient : on l'octroya, dans les protestations générales, à l'épouse du président de la Caisse populaire. Jocelyn, grouillant et rechigneur, partit chez une veuve un peu dure d'oreille, qu'ainsi il ne maltraiterait pas trop. Dans son cas, les protestations furent de pure forme.

Désemparée, Marie-Laure se logea chichement au refuge pour femmes seules des Sœurs de la

Charité et passa ses journées prostrée à l'oratoire du patronage de Saint-Vincent-de-Paul, dans la côte d'Abraham. Il s'y produisait fréquemment des miracles, selon la rumeur publique. Une semaine entière elle en attendit un, n'importe lequel, qui ne vint pas. Elle trépignait d'impatience en allumant tous les jours un nouveau lampion. Celui qui, au patronage, passait pour thaumaturge, finit par venir lui conseiller « spirituellement » de rentrer chez elle. Sa voix traînante d'oracle fatigué avait énervé Marie-Laure au point de lui rendre son énergie coutumière. Elle reprit furieuse le train de Chicoutimi, en invoquant le nom de sœur Sainte-Suzanne.

— Il n'en est pas question! déclara-t-elle à Gustave en plein hall de gare. Je reste ici.

— On en reparlera ce soir ensemble, chuchota Gustave en lui faisant signe de baisser le ton. Tu as mangé du tigre?

Ils se retrouvèrent tard dans la cuisine, après avoir baigné et couché les petits, qui leur firent expier à leur manière ces inexplicables jours de séparation. Sans rien manger ni boire, ils s'affrontèrent interminablement sous la lampe, pendant que sur le poêle, la bouilloire s'asséchait en chuintant. Marie-Laure avait le feu aux joues. Gustave était pâle.

— Sois raisonnable, les chiffres le montrent, tes profits ne te permettraient pas d'absorber à toi toute seule les frais conjoints de la maison et du magasin.

— Et tu ne m'aiderais pas à boucler? Moi qui comptais sur toi...

— Supposons, mais je doute encore...

— Je prendrai de l'expansion.

— Tu as d'autres monopoles en vue ?

— Les gens du Lac commencent à entendre parler de moi. Ils trouvent le chemin de la boutique.

— Tu te séparerais de moi, comme ça ?

— Sinon, je perds mes quatre ans de contrat d'exclusivité. C'est la moins mauvaise solution. Ou alors, refuse ta mirobolante promotion.

— Après avoir été admis à l'Université de Chicago, ce ne serait pas logique.

— As-tu peur de te battre ?

— Toujours ta hantise du fusil !

— J'admets que tu as pu souffrir de tes déconvenues, mais il faut en revenir. Je te sens recroquevillé sur ton maigre emploi. Tu rapetisses ! On jurerait que tu as trouvé un refuge !

— C'est cruel ce que tu dis. Tu me fais payer cher ma pauvre soûlerie d'une nuit.

— C'est toi qui me la rappelles, je l'avais presque oubliée.

— Et si je refusais ?

— De quel droit ?

— L'autorité paternelle.

— Foutaises ! Il s'agit de commerce, tout de même ! Prends les enfants avec toi si tu les veux, tans pis si tu les fais crever de froid dans les glaces polaires, tu ne m'auras pas moi !

— Tu t'emportes...

— Je sais ce que je veux !

— Jocelyn et Marie-Anne seront mieux ici, à la maison, que dans une bicoque exposée à tous vents, secouée par le grondement des convois.

— Tu as l'air enfin de comprendre !

— Douloureusement. Honoré et Georgiana ont beaucoup souffert, ils nous l'ont avoué, d'être l'un à Kedgwick, l'autre à Mont-Joli.

— Je t'aimerai trois fois plus à distance, pour compenser.

— Ouais...

— Et si tu as trop de loisirs, tu pourras toujours fonder d'autres caisses populaires ! Sans compter la fanfare de Villemontel que tu mettras sur pied...

— Bof...

— Pense aussi que tu auras tout ton temps pour étudier !

— Fais bien attention, je risque de me retrouver à Montréal avant toi !

— Commence par Chicago, on verra ensuite.

Ils se quittèrent bons amis, mais pensifs, Jocelyn faisant une horrible face de carême et Marie-Anne souriant aux anges. Gustave en eut des picotements à la gorge pendant trois bonnes semaines. Quant à Marie-Laure, elle s'était juré de prendre le taureau par les cornes.

XXIII

Quelques voisines du meilleur monde, émoustillées et apitoyées, firent une visite de groupe à Marie-Laure. Tout en se déclarant désolées de ne pas l'avoir vue plus souvent, elles jaugèrent le voilage des fenêtres du salon, palpèrent l'étoffe du canapé flambant neuf, vérifièrent à la dérobée sous les tasses la marque du porcelainier. Cette maison devenait enfin digne d'elles. Le thé était fin, elle claquèrent de la langue quasi à l'unisson. Quel dommage, tout de même, que cette séparation dont elle devait être affligée énormément... Elles espéraient unanimement qu'il ne s'était passé rien de fâcheux entre les époux. Non? Ah, elles étaient rassurées. Car, n'est-ce pas, la vie moderne, les jeunes couples, les problèmes d'argent... Non? Enfin, s'il y avait encore de l'amour, c'était le principal. En partant, elles s'offrirent à la soutenir dans l'épreuve: elles reviendraient chaque semaine prendre le thé avec elle. Amusée, Marie-Laure répondit qu'elle les inviterait volontiers, pourvu qu'elle en trouve le loisir. Elle leur ferait signe.

Lorsqu'elle fut persuadée de pouvoir satisfaire une deuxième année la clientèle qu'elle avait déjà, Marie-Laure s'en fut demander une lettre de recommandation au curé.

— De quel genre ? Bonnes mœurs ?

— Pas nécessaire. Vous ne pourriez pas décrire brièvement ce que j'ai réussi pour vos brochures ?

— À l'attention de qui ?

— De vos confrères curés.

— Eh bien...

— Pourquoi pas ?

Ayant appelé Imelda en renfort, elle entreprit la tournée de toutes les paroisses du Lac-Saint-Jean et du Saguenay. Elle assistait à la messe du matin, y communiait en étant sûre qu'une nouvelle présence serait vite remarquée, prolongeait par une pieuse méditation et se présentait tout à trac au presbytère. Dérangée dans sa routine quotidienne, la ménagère méfiante s'essuyait prestement les mains à son tablier, s'emparait de la lettre de recommandation, demandait de patienter, faisait passer au bureau, refermait la porte capitonnée et s'attardait l'oreille aux aguets, pour connaître la raison de cette visite inopinée.

— Monsieur le curé, disait-elle à chacun en leur scrutant le haut du front, la lettre est formelle, je suis une experte.

— Oui, mais...

— Laissez-moi vous raconter un peu plus en détail...

— C'est impressionnant.
— Et les bénéfices...
— Dieu soit loué!
— Vous aussi, vous pourriez faire beaucoup mieux, je vous assure.
— Ah, madame Brazeau, si vous nous aidiez...
— Mais avec le plus grand plaisir! Je vous propose mes services.
— Comment vous remercier?
— Facile: nous signons un contrat.
— Vous avez dit «un contrat»?!
— Cela se fait de plus en plus. Moi, je vous rends votre Propagation rentable, et vous, vous intéressez les écoles à mon commerce de mercerie. Je ne vends que de la qualité, et pas plus cher qu'à Québec. J'ai des échantillons dans mon sac si vous ne me croyez pas.

Fascinés par la prestance et le discours de leur interlocutrice, la plupart se laissèrent convaincre, au moins pour une période d'essai. Deux ou trois grincheux l'éconduisirent malgré son vibrant plaidoyer, n'acceptant pas, en leur conscience de patriarche biblique, qu'une simple femme puisse avoir des talents pour la pastorale. Alors, il lui fallait contourner, passer par la fabrique, discuter elle-même avec les autorités scolaires. En quoi son expérience de l'enseignement lui fut d'une grande utilité.

Elle rentra à sa base moulue mais triomphante. Imelda la félicita. Jocelyn lui fit la lippe. Marie-Anne zézaya qu'elle avait une petite faim. Deux semaines après, depuis Villemontel où il étudiait furieusement, Gustave aussi la félicita, en lui faisant valoir toutefois qu'une seule tournée ne suffirait pas à assurer sa présence durable dans la région. Il y aurait une contre-offensive des commerçants du cru: même si elle obtenait des exclusivités comme à Chicoutimi, elle ne serait pas sur place pour en surveiller le respect. Bref, il lui faudrait constamment rappeler son existence, peut-être en embauchant un vendeur itinérant.

Marie-Laure calcula les frais de voyage, la marchandise défraîchie ou perdue, les pourcentages. Elle déchanta vite: la surface financière lui manquait pour envisager pareille stratégie.

— Des circulaires ? hasarda Imelda.

— On allumera le poêle avec, pas assez durable pour un cycle annuel.

— Un catalogue ?

— Je ne suis pas Eaton.

— Plusieurs circulaires réunies ensemble ?

— Peut-être... Ce soir, toi et moi, nous ferons des maquettes.

Imelda sourit à l'idée d'avoir été utile à sa benjamine. Elle était enfin parvenue à se rapprocher d'elle.

— Le problème, soupira Marie-Laure après de nombreuses esquisses, c'est que nous n'avons pas assez de produits pour monter un petit catalogue modeste, mais qui ait de l'allure. Ça ferait beaucoup trop chenu. Je renonce.

— Mais, protesta Imelda, leur nombre pourrait augmenter progressivement. Fil de soie, passementerie, cerceaux à broder, nécessaires de tricot...

— Peut-être... Mais ça paraît risqué, insuffisant.

— Je te croyais plus aventureuse.

Gustave fut prié de donner son avis. Il avança qu'une des raisons du succès de Marie-Laure avait été sa présence à elle à proximité de son marché.

Aussi, la stratégie idéale consistait à préserver le plus possible le caractère personnel de l'entreprise. Faute d'assurer elle-même la permanence, faute de vendeurs itinérants, Marie-Laure devait se choisir des délégués qui, dans chaque village, pourraient parler d'elle et de ses produits, tout en distribuant son catalogue, mais seulement à celles et ceux qui sembleraient vraiment intéressés. Créer une rareté relative valoriserait et la marchande et sa marchandise. Ces délégués seraient merveilleusement placés pour faire rapport, au jour le jour si nécessaire, sur les réactions de la clientèle. Quant à l'augmentation de la gamme de produits, il croyait lui aussi que ce serait une nécessité. Simplement, il fallait veiller à ce que l'encaisse le permette.

Marie-Laure décida de plonger: ainsi naquit le catalogue COUTURE ILLIMITÉE, *grand magasin postal de la mode*. Pour en réaliser la première édition, elle s'était adjointe Léonce Jalbert, cet artiste peintre qui possédait comme personne le croquis, la silhouette et le dessin de précision. Il ne se contenta pas de présenter des pièces de tissu: il en habilla des enfants imaginaires, personnages espiègles, agités, sympathiques, qui feraient rêver les parents autant que les écoliers. De son trait de plume élégant, il dessina même le titre, qu'il chercha à disposer au mieux sur la page, en guettant du coin de l'œil les réactions d'Imelda, qu'il trouvait plus spontanée que la patronne. Et il pestait contre lui-même:

— Incapable! Tu ne vois pas que c'est trop sévère?

— Voyons monsieur Jalbert, le rassurait Imelda, c'est tellement beau déjà!

— Barbouilleur! Pourquoi n'as-tu pas donné d'âme à cette entreprise, pourquoi?

— Oh moi, je trouve qu'il y en a beaucoup dans tout ce que vous faites...

— Ignoble rapin ! Est-ce que tu serais à sec ? À ton âge ?

— Et si le titre était surmonté d'un petit quelque chose ? intervint Marie-Laure.

— Désespoir ! C'est elle qui a trouvé. Avant moi. Il faut un médaillon, de toute évidence !

— Un médaillon ? s'interrogea Imelda.

— Ouste ! Toutes les deux ! Disparaissez de ma vue ! Attendez à côté, donnez-moi de l'air, je vais créer !

Imelda battit en retraite la première. Marie-Laure, indécise, le regardait s'agiter. Ses doigts tachés d'encre avaient laissé des empreintes partout sur ses vêtements. Son béret malmené lui tenait à peine sur la tête. Soudain, il s'arrêta, la toisa, s'approcha, s'éloigna, l'inspecta à travers le cercle formé par ses mains.

— Restez ! C'est vous. Le médaillon. Vous allez poser pour moi.

— Imelda ! appela Marie-Laure.

— Pas elle. Vous !

— Oui, Marie-Laure ?

— Du vent !

— Monsieur Jalbert, je ne poserai qu'en présence d'une tierce personne.

— Bégueule ! Je ne dessine que la tête... très peu les épaules... presque pas le buste.

— Le buste ! s'affola Imelda.

— Toi, tu restes. Et lui, ou bien il travaille, ou bien il s'en va.

Il eut sa vengeance, car il lui fit changer si souvent sa coiffure que, malgré l'aide de sa sœur, elle en eut mal aux bras. Une bursite l'empêcha de

dormir pendant des nuits. Elle eut largement le temps de se remémorer les remarques insistantes du peintre :
— Pouvez pas sourire ?
— Trop raide !
— Les épaules en arrière !
— Regardez-moi !
— Comme ça, vous êtes adorable !

Lorsque, après l'avoir ainsi tyrannisée tant d'heures, il avait décrété : « Repos. Rajustez-vous, j'ai fini », elle avait eu le sentiment de lui avoir laissé commettre contre sa personne une grosse faute, charnelle presque.

Mais avec le retour du sommeil, le souvenir finit par s'estomper, tant elle était pressée de repartir pour une deuxième tournée plus longue, cette fois destinée au recrutement de « délégués » et à la répartition des catalogues. Le soir, dans quelque auberge de village, quand Gustave, les enfants, la maison lui manqueraient trop, elle en ouvrirait un au hasard, aspirerait un grand coup, se délectant des remugles d'encre d'imprimerie, qui pour elle seraient le parfum de ses plus chers espoirs. Imelda lui dit au revoir en lui glissant à l'oreille :

— Ne tarde pas trop, ta fille Marie-Anne commence à m'appeler maman.

— La petite bougresse ! On verra... Tu peux en profiter en attendant, toi qui as toujours voulu des enfants.

— Avec Jourdain à Québec, ils n'arriveront pas vite.

— Il nous est si utile ! Fais-le patienter, je lui envoie un chèque dès mon retour.

Un mois plus tard, Léonce Jalbert arriva à la boutique sur les talons de Marie-Laure. Sa mise était soignée, ses cheveux longs lui flottaient sur les épaules. Imelda l'examina, puis sa sœur, d'un regard où le soupçon commençait à poindre.

— Tiens, notre artiste ! dit Marie-Laure. Il va falloir réimprimer le catalogue, nous avions prévu trop serré. Vos dessins marchent !

— Justement...

— Il est trop tôt pour songer tout de suite à celui de l'an prochain, il faut d'abord laisser croître notre chiffre d'affaires. Si tout va bien, nous doublerons le nombre de pages.

— Je suis venu vous dire...

— Nous rediscuterons de votre cachet en temps et lieu.

— Vous êtes ardente, vous êtes merveilleuse, mais je m'en vais.

— En vacances ?

— En Europe. Par New York, où j'ai retenu une cabine dans un cargo. Je ne pourrai donc plus...

— Quelle idée ! Vous me laisseriez tomber...

— Vous êtes trop fidèle à votre mari, ça me désespère.

— Riez donc.

— Je m'en vais à Paris, retrouver la poussière des ateliers, les engueulades, les nuits de ribote, les amis. Vous me remplacerez, vous verrez.

— Ce sera difficile, dit Imelda.

— Je penserai à vous sans arrêt, en admirant les textiles du marché Saint-Pierre, en draguant les cousettes du faubourg Saint-Denis... J'irais jusqu'à Lyon vous marchander de la soie. Pourvu que vous me payiez le fleurie, le chiroubles !

— Débauché, pochard, filez votre chemin ! Ne nous oubliez pas tout à fait... Oh, attendez, je vous donne une commission pour Nantes !

— Ah ah ! Une ancienne amourette ?

— Ma plus grande amie : sœur Sainte-Suzanne, qui est bien vieille à présent.

— Pouah !

Marie-Laure écrivit à la hâte un mot sur le coin du comptoir et le remit au peintre, qui retint un long moment sa main dans la sienne en tentant de se couler au fond de ses yeux bleus.

— Partez, dit-elle d'une voix enrouée.

À Villemontel, afin de ne pas perdre totalement le nord, Gustave s'était imposé un emploi du temps quasi impossible à tenir. S'il l'avait respecté à cent pour cent, il aurait été occupé jour et nuit. Il se persuada ainsi qu'il n'avait absolument pas le temps de tenir lui-même son ménage et se mit en quête de quelqu'un. Il jeta son dévolu sur Corinne, la seconde fille d'un colon qui manquait de numéraire et n'arrivait pas à joindre les deux bouts. Corinne était modeste, timide, vaillante, mais ses yeux noisette démentaient parfois la sagesse de l'éducation familiale. Gustave s'en apercevait d'autant moins qu'il s'arrangeait pour être au rez-de-chaussée de la gare lorsqu'elle était à l'étage dans le logement, et vice versa.

Un jour, elle se présenta une fleur de papier à son chapeau ; Gustave la lui fit enlever. Mais il ne put refuser la miche de pain bien chaude que les parents de la jeune fille lui envoyaient. La croûte dorée, l'arôme entêtant, la rondeur de la forme, leur sourire commun les rendirent un peu complices. Gustave s'accrocha à ses registres, Corinne à son plumeau. L'été arrivant, elle allégea ses vêtements, releva ses cheveux, s'étira avec une lassitude voluptueuse dans le soleil couchant. Gustave, imperturbable, piochait sa circulation ferroviaire.

Un soir d'orage, la pauvre Corinne, le visage zébré par les éclairs, osa monter à l'étage affronter ce qu'elle appelait tout bas « son destin ». Elle ne put que fondre en larmes.

— Vous n'avez pas de sentiments ! proféra-t-elle dans des hoquets.

— Tu ne dirais pas ça si tu connaissais Marie-Laure.

— Peu m'importent vos autres femmes !

— Corinne, j'ai deux enfants.

— Je vous en ferai trois !

— Tu ne sais pas ce que tu dis.

— Je m'en irai, si vous me passez la main sur la joue.

— Voilà qui est fait, pour que mademoiselle se rende compte qu'il n'y a rien entre nous.

— Mon cœur ! Il vient de donner un gros coup !

— C'est l'oxygène qui te fait défaut. Repars donc chez toi et rêve d'un vrai fiancé, si tu ne peux faire autrement.

Elle finit par s'offusquer. Il la poussa doucement vers l'escalier, qu'elle descendit en tortillant des hanches du mieux qu'elle savait. Il ne rit même pas. Il la sentait entichée au-delà de l'agacerie sensuelle. En refermant la porte, il se rendit compte qu'il avait exprimé un déplaisir de pure bienséance. Il ne congédierait pas Corinne. Yvonne, sa petite admiratrice du base-ball, avait refait surface : il ne se pardonnait pas encore tout à fait de l'avoir abandonnée aux sinistres demoiselles Dumoulin. Il se mentit un peu en se disant qu'il jouerait au grand frère.

Marie-Laure et Gustave passèrent une demi-année sans se voir. À Villemontel, il était quasi impossible de trouver un remplaçant, et la société ferroviaire ne plaisantait pas sur les absences « non autorisées ». À Chicoutimi, il y avait les enfants, la maison, le commerce : Marie-Laure ne pouvait pas quitter. De plus en plus souvent, il leur arrivait de penser l'un à l'autre avec tendresse, sans pourtant parvenir à reconstituer la totalité des traits, la petite lumière du regard, la commissure des lèvres. Chacun se l'expliqua d'abord par la fatigue d'activités soutenues, et puis l'inquiétude s'installa. Qui retrouveraient-ils au terme de leur séparation ? Si terme il y avait...

Autre chose encore les rongeait, dont ils auraient eu honte de s'entretenir à distance. Gustave avait reçu une note d'une « personne bien intentionnée », qui croyait de son devoir de l'informer que la terre entière était au courant des relations de Marie-Laure Brazeau, née Letellier, avec un peintre saguenéen de formation européenne, fort connu pour sa conduite libre de tout préjugé moral. Marie-Laure avait reçu un billet la prévenant qu'une certaine Corinne, jeune fille sage, mais qui se délurait visiblement trop vite, fréquentait tous les jours, à certaines heures, le logement de M. Gustave Brazeau, originaire de Mont-Joli. On voyait bien, lorsqu'ils sortaient bras dessus, bras dessous, dans Villemontel étonné, discutant et rigolant, qu'ils étaient les meilleurs amis du monde.

Le poison fut rapide et persistant. De diverses manières de moins en moins détournées, chacun voulut s'assurer que l'autre était inconsolable, et aucun des deux ne parvenait à croire l'autre tout à fait. Eux qui avaient gardé un si bon souvenir de leurs relations épistolaires d'avant le mariage retardaient maintenant jusqu'à la limite l'heure de répondre à des lettres compliquées, tortueuses, pleines de sous-entendus.

En voulant rester dans l'anodin, Marie-Laure eut le malheur d'écrire qu'elle partait à Québec, sans autre précision. L'imagination de Gustave s'enflamma. Il fut, avec Corinne qui en pleura, d'une humeur massacrante, avant de recruter à prix d'or, pour le remplacer clandestinement, un commis de la gare de Senneterre qui avait compromis à la table de jeu ses possibilités de vacances cette année-là. Il entreprit l'interminable voyage vers Québec sans un regard pour sa servante, qui s'enferma toute seule dans le placard à linge en haletant comme une colombe à l'agonie. Ce fut le remplaçant qui, alerté par le bruit, la tira de son cachot noir. Elle lui tomba défaillante dans les bras. Dans un rictus égrillard, il s'interrogea sur les mœurs de son collègue Brazeau. Lui, au moins, ne s'ennuyait pas à Villemontel !

L'œil vitreux perdu dans le vague, Gustave coupa court à toute amorce de conversation durant le trajet. Le contrôleur n'en revenait pas, lui qui l'avait connu si amène lors de sa lente et longue montée vers le nord-ouest. À l'entrée en gare, il faillit se faire projeter sur le quai avant l'arrêt complet : Gustave était pressé comme pour aller au feu. Il se précipita dans une cabine téléphonique : il fallait qu'il la trouve. Il enrageait, elle n'était descendue à aucune des auberges plausibles. Il téléphona chez Jourdain qui, en plein jour, bien sûr n'y était pas. Il le traqua jusqu'à sa laiterie, où il n'était pas non plus, puisque son travail l'entraînait à l'extérieur jusqu'à l'heure de fermeture. Il l'attendit en battant dans l'herbe, le long de la façade, un sentier qui devint dur comme pierre.

— Ah ! Enfin, c'est toi.
— Mais... quoi... Imelda ? Marie-Laure ?
— Marie-Laure !
— Comment ? Elle est chez Tranchemontagne. Pour ses achats.
— Quel hôtel ?
— Hôtel ? Elle descend chez nous, à présent. C'est plus commode depuis que je travaille régulièrement pour elle... Ça lui épargne des frais, comme ça elle peut me verser un petit salaire. Ça fait notre affaire à tous les deux. Imelda est d'accord.
— Quelqu'un l'accompagne ?
— Non. Pourquoi ?
— T'occupe pas. Tranchemontagne, c'est près du marché, non ?
— Tu vas la manquer, rentre avec moi plutôt.
— Heille, Jourdain, tu parles à un joueur de base-ball ! Je sais courir, moi. Salut !

XXIV

Ils s'entraperçurent de loin, dans la rue, marquèrent un temps d'arrêt, puis avancèrent d'un pas délibéré, en dépit de leur désir à tous deux de se jeter dans les bras l'un de l'autre. Ils se regardèrent craintivement.

— Tu ressembles à Jocelyn, quand il nous fait sa petite face de carême.

— Et toi, à Marie-Anne, quand elle fait la lippe.

— Tu ne m'avais pas dit que tu descendais à Québec.

— Une idée subite, comme ça... Pas contente ?

— Attends, je pose mes paquets.

— Donne-les-moi.

— Avant, tu ne veux pas m'embrasser ?

Le courant passait mal, leur embarras était navrant. Ils guettaient la moindre réaction, prêts à bondir.

— Je veux revoir les enfants. On prend le dernier train ?

— Mais je n'avais pas prévu...

— Un rendez-vous ?

— C'est-à-dire...

— Quoi ? Parle enfin !

— Il y a... Jourdain.

— Lui ! ! !

— Euh, oui. Nous devions ce soir arrêter ensemble le calendrier des expéditions de marchandises. Autrement, la maison serait submergée : nous vendons beaucoup, tu sais. Je ne peux plus stocker des mois à l'avance comme au début.

Sans plus rien dire, il l'entraîna vers la gare, la distançant de ses grandes foulées. Elle faisait pour le rattraper des efforts qu'elle dissimulait mal.

— Il faut que je prévienne Jourdain.

— Pas le temps, le train va partir.

En route, voyant qu'elle se faisait encore du souci pour son beau-frère, il lui dit :

— Il sait, j'ai été l'attendre à sa laiterie. À l'heure qu'il est, il doit s'imaginer que nous sommes tous les deux éperdus d'amour dans une chambre d'hôtel de la Haute-Ville. Il ne t'attendra pas.

Malgré son ambiguïté, la remarque tomba à plat. Ils restèrent assis côte à côte, rigides, muets. De temps à autre, Marie-Laure frissonnait, ramenait son châle sur ses épaules, serrait les dents. Gustave triturait sans relâche ses manchettes empesées. L'ankylose les menaçait, ils se levèrent, progressèrent vers les extrémités opposées du wagon, disparurent. Embusqué derrière la porte battante, chacun voulut s'assurer que l'autre se redirigerait vers sa place. Ils s'observèrent si longtemps de la sorte, en chiens de faïence, que le sens du ridicule leur revint petit à petit.

Le visage barré par la rogne et l'envie de s'esclaffer, au moment de se rasseoir, chacun brandissait la note, le billet incriminant. Ils se les arrachèrent mutuellement et s'écrièrent tous les deux:

— C'est de la même main!

— On nous a joué un vilain tour! dit Gustave.

— Un tour pendable! Mais qui?

— Je ne peux pas identifier l'écriture. D'après le cachet de la poste, c'est venu d'Ottawa.

— Que je sache, nous ne connaissons personne, là-bas.

— Quelqu'un, pourtant, semble nous y avoir suivis à la trace.

— Ah, parce que, cette histoire de fille à Villemontel, c'était vrai!?

— Et ton artiste débauché, ce n'était pas vrai, peut-être?!

Ils durent s'expliquer, ce qui fut laborieux. Ils n'avaient pas encore totalement admis, face à eux-mêmes, avoir éprouvé quelque attirance mystérieuse et coupable pour une personne de l'autre sexe. Jalbert était parti en Europe, mais il pouvait rester si proche par les sentiments. Et Corinne ne s'effacerait pas du paysage de sitôt. Ils convinrent, de mauvais gré, que c'était une question de confiance.

— Avec tes antécédents... renâclait Marie-Laure.

— Belle comme tu es! répliquait Gustave.

Ils réussirent à faire la paix avant d'arriver à la maison, où Imelda ne les attendait ni l'un ni l'autre. Après quelques baisers rapides, elle leur abandonna la place en se réfugiant dans sa chambre sous prétexte de migraine. Les petits dormaient comme des chérubins, on ne les dérangea pas.

Gustave devait repartir le lendemain soir déjà. Ils passèrent la nuit à réapprendre le corps de l'autre. Marie-Laure se demanderait ce qu'elle avait bien pu lui trouver, à ce Jalbert coureur de jupons. Gustave jugerait Corinne aigrelette, puérile, maladroite. Retrouvée leur commune injustice à l'égard du monde extérieur, ils partageraient de nouveau leur ancienne complicité, mais durcie au feu de l'épreuve. Ils y puisèrent la force de s'arracher de nouveau l'un à l'autre.

Neuf mois plus tard, ils se retrouvèrent pour la naissance de Marguerite. Entre-temps, par le réseau réactivé des anciennes du couvent de Saint-Pascal, Marie-Laure avait trouvé le moyen d'étendre ses activités commerciales au Bas-Saint-Laurent, puis à la Gaspésie, malgré ses hésitations. Elle avait accompagné ses catalogues de photos des enfants et, depuis Rivière-du-Loup, Cacouna, Trois-Pistoles, Rimouski, Matane, Bonaventure, les Juliette Arsenault, Yolande Cadrin, Claire Girard, Lucie Bérubé, Émérencienne Potvin, Françoise Desjarlais lui avaient rendu la pareille, sous leurs nouveaux patronymes de femmes mariées. Enthousiasmée, Marie-Laure promit à chacune de passer les voir dans l'année.

— Je suppose que tu vas t'arrêter à Cap-Chat? Ton père n'est plus jeune...

— Et Philomène, j'aurais tant envie, il y a si longtemps!

— Pourquoi attendre? Invitons-les au baptême de Marguerite! On n'aura qu'à le retarder de quelques jours. Aucun problème, je suis en vacances.

— J'invite aussi Honoré et Georgiana.

Ce furent des retrouvailles fabuleuses. Grands-pères et grands-mères s'amourachèrent instantanément des marmots, qui prirent un goût immodéré pour ces cajoleries magiquement multipliées par quatre. Au-dessus des petites têtes soyeuses, les caractères des adultes perdaient de leur tranchant.

Néanmoins, tout en félicitant comme les autres Marie-Laure de ses prouesses, Isidore s'inquiéta ouvertement de la terrible distance qui continuait de séparer les époux. Combien de temps encore consentiraient-ils à vivre de cette façon ? Il prenait Georgiana à témoin — elle sanglota dans son mouchoir —, est-ce que cela avait du sens ? Ramenée malgré elle à ses vieilles rancœurs, Marie-Laure se récria. Ils en avaient longuement discuté tous les deux, Gustave et elle. Ils étaient résolus à tenir bon jusqu'à ce que le travail de l'un ou l'autre leur permette de s'installer à Québec ou à Montréal. L'avenir des enfants...

— Montréal, soupira Philomène, c'est si loin !

— De toute façon, dit Marie-Laure à l'intention de son père et en désignant Imelda, vous avez besoin de moi, je fais vivre une partie de la famille.

— Oui, en séparant ta sœur de son mari.

— Vous saurez, le père, qu'il va travailler pour moi à plein temps !

— En «plein» ça ! Comme tu mènes tes affaires, on entend parler de toi jusqu'à Mont-Louis, ils seront pas trop de deux pour s'occuper de tes commandes à Québec. Et c'est pourtant pas les frères et sœurs qui te manquent !

— Papa ! protesta Imelda, je ne suis pas si malheureuse, avec Marie-Laure et les enfants.

— Si tu en veux, des enfants, attelle-toi au plus vite avec Jourdain, avant qu'il soit trop tard !

Marie-Laure ne consentit à donner raison à Isidore qu'après qu'il fut reparti. Mais il lui faudrait étendre son territoire et continuer d'augmenter la variété de ses produits.

— Et dans le nord-ouest, qu'est-ce que tu en penserais, Gustave ? Ta Corinne pourrait me représenter par là, plutôt que de perdre son temps à te tourner autour.

— Ils sont trop pauvres, sauf dans une ville minière ou deux.

— L'Ontario ? Il y a beaucoup de monde, ils doivent aller à l'école même s'ils sont protestants.

— Ils refusent déjà d'acheter quoi que soit des Juifs, à moins qu'ils ne se déguisent sous un nom d'emprunt ou une raison sociale à consonance anglo-saxonne. Alors tu penses, même si tu faisais traduire ton catalogue, ce serait une énorme pente à remonter... Attends d'avoir les reins plus solides.

— Si j'allais explorer du côté de la Nouvelle-Angleterre ? Il y a des nôtres, et je pourrais quadriller la Beauce par la même occasion...

Ne compte pas sur le chemin de fer, il n'est pas construit, le transport nord-sud est découragé. On a voulu nous contraindre aux échanges est-ouest, en nous faisant absorber la faillite des promoteurs de chemins de fer britanniques. Les Canadiens français étaient si bons à tondre qu'en plus, on leur détourne leurs impôts pour subventionner le transport des grains de l'ouest et les chantiers maritimes de l'est : au profit de l'Ontario qui tire les marrons du feu et développe son bassin industriel !

— Eh eh ! Moi qui pensais que tu faisais carrière au Canadianne Natiônnnalll !

— Justement, à force de marcher à l'envers du bon sens, ils vont finir par perdre même la manne des subventions tirées de nos poches ! On n'est pas aveugles ! L'université me force à réfléchir.

— C'est vrai que ce sera moins commode qu'ailleurs, mais rappelle-toi les Beaucerons que tu as côtoyés à Lévis. Tu me l'as raconté mille fois : ils ont l'esprit entreprenant et ils connaissent les États-Unis.

— ... Dis donc, ma sœur Alma n'a pas fait des siennes, cette fois-ci. Marguerite a eu de la chance de venir au monde tranquille...

Ils se donnèrent rendez-vous à Montréal au mois de mai, d'où ils continueraient vers la frontière américaine, pour que Gustave subisse ses derniers examens. Marie-Laure en profiterait pour fureter un moment chez les grossistes montréalais, histoire de vérifier les prix, qu'elle pourrait comparer à ceux de Chicago. Ensuite, elle serait parfaitement armée pour ses négociations incessantes avec Lalonde et Tranchemontagne.

En attendant ses résultats, Gustave prêta main-forte à Marie-Laure, qui ne parlait toujours pas l'anglais. Ils jugeaient ensemble de la qualité de la marchandise, évaluaient l'impact des taux de change, s'informaient des coûts de transport.

— C'est curieux, dit Marie-Laure, à Montréal et à Québec, on n'entend parler que de Londres, Liverpool, Southampton, comme si la Flandre, comme si Lyon n'existaient pas.

— Ça, ma chère, c'est ce qu'ils appellent le commerce préférentiel intercolonial : il passe obligatoirement par l'Angleterre. Les intermédiaires jubilent, tu penses bien.

— Mais si le meilleur coton vient d'Égypte, pourquoi ne pas l'importer directement ? Les Américains ne s'en privent pas, eux. Et la serge coûte moins cher ici, au milieu du continent, que chez nous, alors que nous possédons une façade maritime.

Ils célébrèrent en amoureux la nouvelle compétence de Gustave, dans un coquet restaurant de Rainbow Beach, au bord du lac Michigan. La flamme des bougies faisait étinceler les bulles de champagne que pour la première fois ils se permettaient. Ils trinquèrent à eux, à tout. Cette nuit-là, Marie-Laure fut ardente au point de sembler perdre la tête. Gustave ne demandait pas mieux.

La seconde phase d'expansion de COUTURE ILLIMITÉE connut des à-coups. Peu familière avec les aléas de l'acheminement par route et les tracasseries douanières, Marie-Laure dut tâtonner, ajuster, rectifier. Elle se faisait tant de soucis qu'elle oubliait un peu Gustave à Villemontel. Des mois, puis deux ans s'écoulèrent, entrecoupés de rares visites.

Lui, depuis sa modeste gare isolée en Abitibi, remuait ciel et terre pour trouver un emploi de cadre au siège social de Montréal. Il ne songeait qu'à rassembler sa famille autour de lui, dans les meilleures conditions possibles. Laurent, son petit dernier, lui manquait plus que les autres: il avait été empêché de lui souhaiter la bienvenue dans l'existence. Mais on lui répondait que les circonstances n'étaient décidément pas propices. La guerre menaçait en Europe et lui, qui était officier réserviste, risquerait à tout moment d'être appelé sous les drapeaux, ce qui, il devait le comprendre, pourrait compromettre l'organisation, vitale en temps de conflit, des services ferroviaires. Gustave devint amer: il se sentait berné, floué. Pour gravir les premiers échelons, il avait dû prouver sa loyauté à la Couronne britannique et voici qu'aujourd'hui on en prenait prétexte pour le maintenir à distance des leviers de l'administration. C'était absurde et injuste ! Il s'en voulait de son obstination. Marie-Laure l'avait prévenu. Honoré aussi. Il n'y avait pas de place pour quelqu'un comme lui au Canadian National Railways. Les ficelles seraient toujours tirées par les Torontois, par les Anglo-Écossais de Montréal. C'étaient les indignités de Métis qui continuaient, même si, pour travailler, il aurait accepté de se marcher sur le cœur en se résignant à employer, comme depuis ses débuts à la société, une langue de travail étrangère.

Il fut extraordinairement tenace. Pour toute récompense, on lui fit miroiter comme un privilège, comme une chance inouïe, une future « nomination » au sud de Montréal, mais assez loin à la campagne, de l'autre côté du fleuve, à Saint-Constant. « Villemontel is merely a settlement, disait son supérieur hiérarchique, whereas Saint-Constant is almost a town. » Il exagérait, bien sûr. Et il s'agissait d'une simple mutation : chef de gare un jour, chef de gare toujours. Lui qui avait tant voulu que son père Honoré se sorte du cul-de-sac où il avait été maintenu jusqu'à sa retraite...

XXV

L'esprit ouvert sur le monde, Gustave suivait l'actualité au jour le jour. Trop exclusivement soucieux de contrer l'expansion du communisme de Lénine, l'Occident avait laissé se répandre en Europe la mégalomanie hitlérienne. Il avait toléré que l'Allemagne avale l'Autriche, lors de l'*Anschluss* du 11 mars 1938. Le pangermanisme avait eu la voie libre. La guerre avait éclaté pour de bon en 1939, attisée par le martyre polonais et le démembrement de la Tchécoslovaquie. Lorsque, en mai-juin 1940, la France mise à genoux avait été contrainte de capituler, *Le Progrès* de Chicoutimi avait appelé les Canadiens français à une journée de deuil national. Marie-Laure avait pleuré. Quelle épreuve pour sœur Sainte-Suzanne ! Et cet exalté de peintre, le Jalbert de son premier catalogue, qui sait s'il n'avait pas péri écrasé sous les décombres, déchiré par le *schrapnell*? En dépit des consignes, Gustave avait installé sa radio par-dessus ses registres et n'avait pas raté un reportage sur le conflit. Il avait été profondément ému par l'appel du général de Gaulle à la résistance. La gare de Villemontel était devenue le carrefour de l'information internationale, au fracas assourdissant des locomotives, qui tiraient vers les ports des tonnes et des tonnes de blé, de minerai, de bois d'œuvre. La Grande-Bretagne avait mobilisé, pour la secourir, les ressources, l'argent, les soldats de sa colonie canadienne, aux trois quarts anglo-saxonne depuis les manigances d'après la Conquête de 1760, l'immigration massive, la répression de 1837 et l'assimilation insidieuse.

À l'aise dans la dépendance coloniale, l'Ontarien Mackenzie King avait, au nom du gouvernement fédéral d'Ottawa, déclaré la guerre à l'Allemagne le 10 septembre 1939, une semaine tout juste après l'Angleterre et malgré la neutralité des États-Unis. C'était la première fois dans l'histoire du Canada, qui n'était pas belliciste de tradition. Au mépris de la constitution, Ottawa centralisa des pouvoirs qui ne lui appartenaient pas, organisa une économie de guerre, institua illégalement un impôt sur le revenu, lança un programme d'emprunts publics, les Bons de la victoire. Gustave était indigné. Le lieutenant de King auprès des Canadiens français, Ernest Lapointe, avait fait réélire son maître au début de la guerre, contre l'engagement formel que la conscription ne serait pas décrétée, l'opinion s'y opposant avec davantage de fermeté que jamais, depuis les abus et les fusillades de la Première Guerre mondiale, qui avaient ensanglanté le cœur même de la ville de Québec. «S'il fallait partir au front, songeait Gustave, je le ferais tellement plus volontiers si je pouvais m'enrôler dans une armée qui serait vraiment la mienne...»

Mais en 1941, alors qu'il se préparait à déménager à Saint-Constant, la conscription honnie fut brutalement imposée. Comme tous les autres Canadiens français, les Villemontellois se jugèrent trahis, et plusieurs jeunes célibataires prirent refuge dans les bois, car c'étaient eux que l'on appelait les premiers. Gustave observait sans rien dire, il les comprenait.

Dans le mois qui suivit, il reçut coup sur coup un avis de suspension de sa nomination à Saint-Constant et un ordre de mobilisation immédiate. Il devait se rendre à Borden Camp, près de Guelph en Ontario. Pris totalement au dépourvu, il prévint Marie-Laure et télégraphia au Department of Defense pour invoquer sa double situation d'homme marié père de famille et d'employé des chemins de fer, qui aurait dû largement suffire à l'exempter pour l'instant. Il lui fut répondu qu'il pourrait exposer ses arguments à Borden Camp. Il dut vendre les quelques casseroles et meubles de son logement. Il expédia la plus grande partie de ses effets personnels, y compris sa clarinette, à Chicoutimi, ne gardant qu'une valise et un porte-documents où il avait rangé sa correspondance et ses diplômes. Il passa chez les parents de Corinne, pour lui laisser une carte d'adieu et de remerciements; elle vivait à Senneterre avec le commis qui l'avait remplacé lors de son voyage éclair à Québec. Accompagné par le maire, le président de la nouvelle Caisse populaire et le directeur de la fanfare, il attendit son train avec émotion: il ne pouvait détacher les yeux de sa gare, où il avait lutté pour les siens dans la solitude. Des années envolées...

À Guelph, il s'identifia, présenta ses états de service dans l'armée de réserve et tâcha de faire valoir les raisons pour lesquelles il croyait ne devoir être mobilisé que plus tard.

— A wife? Kids? ricana le sergent, that's what they keep whining. Next!

Gustave demanda à voir le capitaine, qui le fit recevoir, dix jours plus tard, par un sous-ordre. Il reprit ses explications, en demandant s'il n'y avait pas eu erreur administrative. Le gratte-papier bâilla comme un hippopotame, lui jeta un regard hostile et se leva pesamment pour aller fouiller dans le classeur. Il prit tout son temps, sortit un dossier qu'il tint haut devant lui comme une pièce à conviction, sans l'avoir ouvert. Et il revint épuisé vers son siège, dont débordaient ses grosses fesses.

— A mistake, huh? Let's see... What does it say here now? Well, well, well, to me, Braizoo, you're just a shameless liar.

— ...

— You're not married anymore, you're separated!

— Séparé!

— In English if you please. Since you, French Canadian catholics, don't allow anyone to divorce, therefore separation equals divorce, as far as you're concerned. And this is an armed forces decision.

— Who in heaven told you my wife and I had separated?

— Easy, mister. You've been denounced, is that simple enough for you?

— What?

— By a lady it seems, a Mrs. S. Greenwood B. From Ottawa, if you want to know.
— Separated...
— Now, you're admitting it.
— To live separately is not to be separated!
— Hair splitting! Go back to your duty, son, and the captain will forget all about it.

Malgré son indignation, Gustave lui demanda pourquoi il n'avait pas été affecté au Signal Corps, conformément à sa formation d'officier de réserve. Or, on l'avait versé à la Military Police, où il n'avait rien à faire. Et comme simple soldat.

— And you think this could be our mistake? Remember, you're kind of a draft dodger.
— I...
— War time is not play time. The army put you where it most needs you. You ought to be grateful. Dismiss!

Gustave sortit sans saluer, il en était malade d'indignation. Inutile d'essayer de leur dire que, si l'on n'avait pas besoin de lui dans les communications, on pourrait l'utiliser comme spécialiste de l'organisation du transport. Ce serait peine perdue, ils s'en moquaient comme de leur première chemise. Ils l'avaient dégradé parce qu'ils l'avaient classé comme réfractaire...

Il rongea son frein en s'acquittant malgré tout de sa tâche. Mais il refusait de taper pour rien à coups de bâton sur le crâne de malheureux troufions en goguette, qui n'avaient rien trouvé de mieux que la biture pour oublier l'éloignement des leurs et l'angoisse du carnage. Dans les grill-rooms de Guelph, on le surnomma très vite l'ange gardien. Il savait faire entendre raison aux plus enragés, sans casse supplémentaire. Lorsque les vociférations atteignaient leur comble, lorsque les tessons de bouteilles volaient, les filles surveillaient la porte, dans l'espoir qu'il arrive.

Une nuit, par chance, il empêcha qu'on fasse un mauvais parti au planton de son capitaine, dont la gorge était menacée par un rasoir dément. Le gars ne tarissait pas d'éloges sur le courage de son sauveur.

— Some guts! I wish I had more Frenchies like him around me!

Il ne lâcha plus Gustave, qu'il mettait à la torture en chantant ses louanges dans les corvées, à la cantine, autour des tables à cartes. Il le prenait fréquemment à part pour lui offrir des cigarettes, des illustrés remplis de girlies. Il lui jurait qu'il ferait n'importe quoi pour lui. Pour s'en débarrasser, Gustave le prit au mot, persuadé qu'il se défilerait. Dans son dossier, il y avait une lettre de dénonciation: il aurait bien voulu connaître l'adresse de cette dame aux étranges vertus patriotiques.

— Consider it done. I'll pry that drawer open so it won't show, and you'll get it. I hate to think that anyone would have slandered you.

Gustave ne put que lui recommander la prudence. Des semaines, des mois s'écoulèrent: le planton suivait la consigne. Il était plus que prudent. L'armée de Sa Majesté britannique eut le temps d'affecter Gustave ailleurs, en lui redonnant une partie de ses galons. Alors qu'il rangeait ses affaires dans sa nouvelle chambrée, il trouva, glissé dans le rebord de son calot, un bout de papier replié six fois. « 48 Elgin St. »

Gustave n'était arrivé sur les lieux qu'après un long et éprouvant voyage dans un camion transporteur de troupes dont le chauffeur adorait les cahots et les ornières. Plus son véhicule séjournait au garage pour réparations, moins il devait s'échiner à conduire. Gustave se faisait l'effet d'un colis de COUTURE ILLIMITÉE, brinquebalé sans merci sur les routes de la Beauce. Par la bâche entrouverte, il avait pu apercevoir des sentinelles un peu partout, des nids de mitrailleuses dans des postes avancés, des chevaux de frise en barbelé, un large fossé, une haute clôture électrifiée, en treillis métallique. «Welcome to Petawawa Concentration Camp», disait un poteau indicateur. Aux quatre coins de l'enceinte, des miradors.

Le discours de bienvenue de l'officier supérieur avait été bref:

— Gus, they tell me you're a cool operator, that's what I require. This is a place for V.S.P. Very Special Prisoners. You'll be put in charge of our toughest cookie.

Dégoûté d'être devenu garde-chiourme à son corps défendant, Gustave s'attendait à affronter une brute, une tête brûlée. On lui avait confié un homme rondouillard au port avantageux, qui paraissait ouvert et sympathique. Il avait l'impression de l'avoir déjà vu quelque part. Mentalement, il le dépouilla de ses hardes de prisonnier, lui mit un haut-de-forme bien lustré sur la tête, des gants gris, une canne et un habit marine à basques. Avec cravate.

— Mais... mais vous êtes...

— Le p'tit gars de Sainte-Marie, mon homme, en personne.

— Camillien Houde!

— Tel que tu me vois.

— On l'avait dit dans les journaux, mais... Un député! Le maire de Montréal! Ici...

— Ils ont pas eu besoin de procès, c'est leur War Measures Act qui m'a envoyé directement derrière les barbelés.

— Pour vous empêcher de parler! Drôle de justice... La démocratie tant que ça fait leur affaire.

— C'est vrai que je leur ai brassé le canayen pas mal... Ils le méritaient. Ils avaient ri de nous autres, craché sur leurs engagements politiques. Ah, ils ont eu peur de ma grande gueule...

— Vos électeurs vous avaient mandaté.

— Mon Jéroboam, toi, dit Camillien en clignant de l'œil, on dirait que tu prends pour moi! Chut! Tu fraternises avec un réprouvé. De braves types comme toi, quand ils en trouvent, ils les expédient en avant des premières lignes du front, servir de chair à canon pour les régiments anglais. Je le sais, j'ai eu trois autres gardiens dans ton genre et couic! partis!

— Ils font exprès de nous mettre dans notre tort, comme s'ils ne pouvaient pas vous faire garder par un Smith ou un Reeves...

— Chut! Plus bas quand tu dis ce que tu penses. Et tu hausseras le ton de temps en temps, pour avoir l'air de m'insulter.

— Ouais... Espèce de gros plein de soupe!

— Sacré taupin, t'es en train de m'insulter pour de vrai!

Gustave fut contraint de développer son répertoire de jurons et d'invectives, car lorsque son pensionnaire ressentait de la tristesse, de l'abattement, il devenait intenable. Un vieux sac de papier en guise de chapeau, deux torchons enroulés autour des mains pour figurer des gants, il se caricaturait lui-même en parcourant son enclos comme si les ovations populaires pleuvaient autour de lui.

Il prodiguait des regards amoureux à ses admirateurs en délire, demandait le silence, se hissait sur une caisse et prononçait, de sa voix de stentor, un autre réquisitoire enflammé contre les politiciens va-t-en-guerre planqués à Ottawa, et qui envoyaient de pauvres enfants à peine en âge de combattre se faire étriper par les bouchers nazis. Et ils avaient osé, ces pourris, ces vendus, décréter la conscription malgré leurs promesses solennelles! Comment le peuple abusé ne songeait-il pas à la désobéissance civile, à la révolte, à la désertion?

Ces performances oratoires avaient le don de rendre furieuses les autorités du camp. Désœuvrés, les hommes de troupe et les autres prisonniers ne manquaient jamais de profiter du spectacle haut en couleur, même s'ils ne comprenaient pas un mot sur dix. Ils faisaient cercle autour de lui et l'acclamaient quand il s'interrompait, à bout de souffle. C'était seulement alors que la colère feinte de Gustave pouvait reprendre le dessus. Mais il avait beau débiter les pires insultes, le public rigolait, et Houde continuait de saluer comme si de rien n'était. Il fallait le saisir par le bras, le faire descendre de son piédestal et le confiner quelques jours au cachot.

— Ah! plaisantait Camillien en précédant son geôlier, c'était fameux! J'ai pas encore perdu mes dons... Tu vas voir mon ami, on va s'en sortir!

XXVI

Dans la touffeur du plein été, Gustave profitait d'un pan d'ombre projeté par les baraquements. Houde, qui avait sué à grosses gouttes depuis le matin, avait préféré faire la sieste flambant nu à l'intérieur. Des bandes de corneilles croassantes tournaient autour du camp, s'affolaient au-dessus du toit des miradors, se posaient, s'enfuyaient. Alors, des milliers de cigales, blotties dans l'herbe brûlée, s'attaquaient, stridentes, aux tympans douloureux. Silence de plomb, et les oiseaux revenaient encore et encore à la charge, en un tournoiement de mauvais augure.

Allongé par terre contre le mur de planches, Gustave s'imprégnait de la fraîcheur bien relative et évitait toute activité inutile. Vivement que le soir vienne, et sa permission enfin ! Quelques heures de demi-répit. Non que Petawawa lui ait semblé particulièrement propice aux distractions, mais du moins pourrait-il profiter en paix de la brise bienfaisante qui monterait de la rivière. Combien de fois, depuis la rive ontarienne, n'avait-il pas contemplé l'île aux Allumettes et tout le territoire à l'est, au-delà de cette rivière des Outaouais qui traçait la frontière entre l'Ontario et le Québec, entre sa prison et la terre de sa liberté! Combien de fois sa pensée n'avait-elle pas suivi le fil du courant, jusqu'au lac des Deux-Montagnes et au Saint-Laurent, pour s'abandonner au flux, passer Québec, Baie-Saint-Paul, remonter le Saguenay à la faveur de la marée montante, doubler le cap Éternité! Ah, prendre Marie-Laure dans ses bras! Entendre gazouiller les enfants!

Ce soir-là, perdu dans son vague à l'âme, il traversa la bourgade sans la voir, flâna le long des berges et retraversa de même. Il s'étonna de ne pas voir de sentinelle à la barrière tandis que, de l'intérieur du poste de garde, jaillissaient des plaisanteries équivoques et des rires lubriques. Il allait pénétrer dans le camp sans déranger la petite fête, lorsqu'on le héla:

— Hey, Brewzoh! a tootsie here's waiting for you! Come in guy!

Il n'avait pas ce genre d'amusement en tête, mais il s'avança néanmoins pour ne pas désobliger les autres. La pièce puait l'alcool, tout le monde était éméché. Une femme très mince, cheveux dénoués, court vêtue, lui tournait le dos. Il allait leur accorder quelque tiède compliment sur leur trouvaille. Elle se retourna d'un seul mouvement, le défi dans les yeux.

— Alma! Que fais-tu ici?

— Ils t'ont laissé sortir ? Ils savaient pas le risque qu'ils couraient !

— Tu n'as pas honte de t'exhiber comme ça ?

— Si c'est de mon décolleté que tu parles, t'es bien hypocrite. Tu crachais pas là-dessus quand tu as failli me rencontrer dans une certaine maison de passe de la rue Saint-Joseph à Mont-Joli !

— Viens dehors, on va se parler !

— Hey, Brohzew ! Come back ! Don't be so selfish !

Il les ignora, saisit la main de sa sœur et l'entraîna loin des grognements et des lazzis. Il la traînait presque, tant elle résistait. Elle le griffa au bras. Il s'arrêta. La colère les aveuglait tous les deux.

— Toujours tes sursauts de bête sauvage !

— C'est rien que de ta faute !

— Vipère ! Malfaisante !

— Le responsable, c'est toi !

— Ah oui ? Ce serait moi, peut-être, qui aurais fait de toi une fille à soldats ?

— Exactement ! Quand tu t'es enrôlé dans l'armée de réserve et que tu es parti malgré le chagrin que tu me faisais.

Les hommes du poste de garde regrettaient leur jouet féminin. L'un d'entre eux sortit faire de grands signes à ses camarades des miradors. Deux puissants projecteurs cisaillèrent l'obscurité pour aller se braquer sur Alma et Gustave. Des hourras pâteux s'élevèrent. Le frère et la sœur hésitèrent un instant.

— Montre ton sac ! ordonna Gustave.

— Sock it to her ! hurla un soldat.

— Essaie un peu de me le prendre, tu verras !

Gustave le lui arracha, non sans récolter une morsure sanglante au cou. Sous les applaudissements moqueurs de la troupe, il en renversa le contenu par terre. Il trouva ce qu'il cherchait parmi les papiers épars.

— Je m'en doutais! Ton adresse à Ottawa! Elgin Street, bon Dieu de bon Dieu!

— Quel mal à ça? J'ai suivi mes chums de l'armée régulière jusqu'à leur quartier général. Et comme ça, j'étais sûre de t'avoir à l'œil, de te retrouver quand je voudrais! Eux autres, c'est une vraie armée qu'ils ont, avec des chars d'assaut et des espions...

— Malheureuse, c'est toi qui m'as dénoncé, toi qui as raconté des faussetés sur notre compte à Marie-Laure et à moi!

— Je ne veux pas entendre parler d'elle, je la hais!

— C'est toi, espèce de cinglée, qui nous as envoyé cette carte anonyme lors de la naissance de notre deuxième! J'aurais dû m'en douter aussi...

— Ouache, si elle avait pu disparaître en enfer! Et si tu veux tout savoir, mon frérot, j'ai appris sur l'oreiller, de mes chums, les amourettes de ta femme avec son peintre, et même tes simagrées à toi avec Corinne, la petite garce de Villemontel! Les militaires, ça voyage partout et beaucoup, ça conte plein d'histoires.

— Dire que tu as quasiment réussi à nous dresser l'un contre l'autre... Tu me dégoûtes!

Après un coup de sifflet, les projecteurs s'éteignirent brusquement. Alma se jeta à ses genoux, embrassa les poignets de Gustave avec désespoir:

— Je t'aime! Quand est-ce que tu vas comprendre?

— Folle à lier...

— Je te l'ai prouvé, je t'ai fait dégrader, je t'ai fait enfermer!

— Je m'en sortirai.

— Ah non, tu t'en sortiras pas ! Je t'aime... J'ai voulu t'avoir tout à moi, t'empêcher de repartir. Parce que je voulais te faire mes adieux à mon heure.

— Tu t'en vas ?

— Je suis malade, Gustave.

— Ça, je le sais.

— Non. Ailleurs que dans la tête.

— Tu as maigri...

— Je suis au bout de ma corde, comme un pendu.

— Sottise, tu seras soignée.

— Menteur ! Personne ne peut plus rien pour moi, le mal est trop avancé.

Comme lorsqu'elle était enfant dans le jardin d'Honoré, Alma s'élança en avant. Mais son âme de félin l'avait déjà quittée. Poursuivie par Gustave, elle sentait, dans sa douleur extrême, des ailes lui pousser. Chaque bond qu'elle faisait la propulsait plus haut, plus près de ces oiseaux qu'elle avait tant guettés et, sur un cri d'agonisante, elle prit son envol. Pour aller s'étoiler dans le treillis électrique de la clôture d'enceinte. Crépitements, étincelles. Le cœur chaviré par une affreuse odeur de chair roussie, Gustave saisit Alma par la jambe et reçut un choc qui le projeta inconscient sur le sol.

Après avoir reçu quelques soins à Ottawa, il se retrouva au Veteran's Hospital de Queen Mary Road, entre Westmount et Montréal. Il y rouvrit les yeux pour la première fois sur le visage aimé de Marie-Laure, mortellement inquiète. Engoncé dans ses bandelettes de grand brûlé, émergeant à peine de la tente à oxygène, il eut du mal à soulever un bras pour lui signifier sa joie de la voir à son côté.

Doux, doux, calme!... Il n'avait nul besoin de parler. Pas encore. D'un sourire, elle lui fit comprendre qu'elle avait le temps, qu'elle resterait là une vie entière s'il le fallait. Ses dispositions étaient prises. Fouettée par le malheur qui s'était abattu sur elle, elle avait réuni à Chicoutimi, puis à Mont-Joli, tous ceux que Gustave avait pu compter comme clients ou relations dans le monde du financement et du commerce. Elle leur avait proposé, bilan et inventaire à l'appui, qu'ils se portent acquéreurs de COUTURE ILLIMITÉE, en fondant une société par actions dont le siège social serait à Québec, plaque tournante des achats et des expéditions. Ils avaient été désolés d'apprendre combien Gustave avait été éprouvé, et ravis de pouvoir s'engager dans une affaire aussi saine. Et ils étaient parfaitement d'accord pour retenir les services de Jourdain et d'Imelda. Comme ils avaient déjà tous pignon sur rue, la boutique ne leur était pas nécessaire. La maison fut donc vendue, deux fois et demie ce qu'elle avait été payée. Même l'hypothèque remboursée, la somme restait importante. Ajoutée au produit de la vente de l'entreprise, elle permettait maintenant à la famille de préparer des jours meilleurs. À Montréal.

Pendant la longue convalescence de Gustave, il arriva à Marie-Laure de laisser les enfants quelques heures auprès de leur père, pour explorer ses possibilités d'avenir. Elle fut reçue par le vice-président du grand magasin Dupuis Frères. Elle montra le catalogue de COUTURE ILLIMITÉE, exposa sa stratégie de développement, résuma les résultats. Elle ne crut pas devoir tenter d'autres démarches. Quinze jours plus tard, on lui confiait la direction des ventes par correspondance.

Avant même de se remettre à marcher, Gustave voulut s'assurer qu'il était définitivement dégagé de ses obligations militaires. La parole des médecins ne lui suffisait pas. Il ne commença à le croire que lorsqu'il reçut d'Ottawa un avis officiel d'« honourable discharge ».

Il ne retournerait pas à l'emploi du Canadian National Railways : Saint-Constant n'avait plus d'attrait pour lui, et il désespérait d'obtenir justice pour sa formation et ses talents. Il ne tolérerait plus ni l'arbitraire ni la discrimination. Et puis l'époque des chemins de fer semblait vraiment toucher à sa fin. Les poids lourds formaient sur les routes des convois plus longs que ceux du rail.

Il observa qu'entre Montréal et les petites villes des environs, les services de transport par autobus avaient proliféré. Mais leur morcellement était tel que les voyageurs se voyaient infliger trop de correspondances, trop de retards, trop de tarifs disparates. Certains véhicules étaient neufs, d'autres désuets. Les ateliers d'entretien, dispersés aux quatre vents, ne garantissaient qu'une sécurité inégale. Et la formation des chauffeurs laissait parfois à désirer. Il y avait un gros effort d'organisation et de rationalisation à faire. Gustave en parla à certains professeurs de l'École des hautes études commerciales, à la Société Saint-Jean-Baptiste, au regroupement des Caisses populaires de Montréal. Il suscita l'intérêt, contacta des investisseurs. Ils convinrent qu'il existait bel et bien un créneau, mais quel dommage, les permis de transport interprovinciaux n'étaient émis que par une régie centrale fédérale contrôlée par les Anglos, ce qui limitait les perspectives d'expansion. Un groupe de travail n'en fut pas moins formé, d'où naquit une petite société.

Gustave paya de sa personne, de son temps, de son argent. Il inspirait confiance, on le chargea du montage financier, puis de la logistique des déplacements et de l'entretien. Il se sentait utile, apprécié.

— Je suis tellement, tellement plus heureux! murmurait-il à Marie-Laure.

— Seigneur! Ça fait la deuxième fois que tu le dis cette semaine. Ça nous fait beaucoup de bonheur, tu trouves pas? «Tellement», que je pensais à des vacances pour l'été: Québec, Mont-Joli et... Cap-Chat.

— Oui?

— J'aurais des choses à régler une fois pour toutes. Si Philomène a trouvé du bon à Isidore, pourquoi pas moi?

— Les enfants, l'encouragea Gustave, pourront se baigner dans l'Anse, courir partout, battre des galets blancs pour en tirer des étincelles, folâtrer sur la grève. Ils vont être ravis!

Mais à peine arrivée, Marie-Laure voulut repartir. Isidore Letellier n'acceptait pas de faire la paix à ses conditions à elle. Après tant d'années d'éloignement, d'incompréhension, sa rancœur était immense: il exigeait réparation. Prix excessif aux yeux de Marie-Laure. Après une visite rapide à l'école du Grand-Fonds en compagnie de Philomène, des enfants et de Gustave, elle prétexta une otite du plus jeune pour rentrer à Montréal plus tôt que prévu.

— Drôle de bonheur! songea-t-elle. Une belle famille, la réussite... Est-ce que je suis vraiment heureuse, moi?

XXVII

Longtemps tenaillée par la question, Marie-Laure sentit avec angoisse la tiédeur monter en elle, tandis qu'elle observa chez Gustave un goût de plus en plus marqué pour la solitude. Comme à son habitude, elle décida de réagir, à sa façon. Imelda garderait les enfants. Ils partiraient en croisière tous les deux, malgré cette peur de l'eau qu'elle traînait depuis l'enfance.

C'est ainsi que Marie-Laure, dans tout l'éclat de ses quarante ans auréolés de succès, s'embarqua avec son mari à bord du *Tadoussac*. C'était la fin août, le nordet avait recommencé à balayer impitoyablement le fleuve. Au-delà du cap Tourmente, la brume s'épaissit en brouillard tenace. Le bateau dut réduire son allure, naviguant à l'aveugle entre les cloches sinistres des bouées et les lamentations prolongées des cornes de signalisation. Le personnel tâchait de distraire les passagers en multipliant collations, jeux de société, sauteries impromptues. Ni Marie-Laure ni Gustave ne se laissaient amuser: tout se passait en anglais et selon des usages qui leur étaient étrangers. Malgré le vent, malgré la pluie qui s'était mise à tomber, ils sortaient ensemble sur le pont, s'agrippant afin de ne pas être projetés dans des vagues qu'ils ne pouvaient même pas apercevoir. Lorsqu'ils dégoulinaient de partout, lorsqu'ils étaient trempés jusqu'aux os et transis de froid, ils rentraient dans leur cabine se sécher. Le froid les avait pénétrés jusqu'à l'âme, ils se serraient dans leurs bras sans cesser de claquer des dents.

— Quelle idée j'ai eue! murmurait Marie-Laure désolée.

— Dire que nous avons doublé Québec sans rien voir!

— Quand tu te retrouves seul comme tu le fais si souvent, à quoi penses-tu!

— À t...

— Pas de mensonges entre nous!

— À tout, à rien...

— Jamais tu ne repenses à Alma?

Pour la première fois de sa vie, Gustave voulut repousser violemment Marie-Laure. Malheureux, il se retint. Alma s'interposerait donc toujours entre eux? Il enfila des vêtements secs et ressortit sans un mot. Il resta réticent, taciturne. De temps à autre, il se retirait dans le cabinet de toilette pour pleurer tout son soûl. Quelque chose s'était rompu en lui.

Marie-Laure crut le rasséréner en lui annonçant du beau temps pour l'escale de Pointe-au-Pic. Il n'esquissa qu'un pâle sourire pour retomber aussitôt dans sa méditation morose. Un cocher les conduisit au Manoir Richelieu, où ils jouèrent nerveusement au croquet. Malgré le grand soleil et les plates-bandes fleuries, la tristesse et le découragement gagnèrent Marie-Laure. Après le thé, ils redescendirent au bateau à pied.

— Qu'elle soit maudite! marmonna Marie-Laure.

Gustave ne répondit pas.

Ils trouvèrent la passerelle obstruée par un grand gaillard à tête hirsute, qui débitait à pleine voix des insanités avinées, tout en jonglant avec des toiles roulées en cylindres, une grosse boîte à couleurs et un chevalet. Marie-Laure en eut un coup au cœur. Malgré son visage raviné et ses cheveux grisonnants, elle n'avait eu aucun mal à le reconnaître, c'était Léonce Jalbert. D'ailleurs, dès l'instant qu'il l'avait aperçue, il avait cessé de se donner en spectacle: il ne la quittait plus des yeux. Les protestations générales le firent redescendre sur le quai, où il reprit la file immédiate derrière Gustave.

Ils ne se revirent que le lendemain matin au petit déjeuner. Rasé de frais, reposé, Jalbert irradiait l'intelligence ironique et la joie de vivre. Marie-Laure voulut le présenter.

— Pas la peine, coupa Gustave, c'est ton peintre. Monsieur, si ça peut vous dire quelque chose, vous avez devant vous le frère de la volage Alma Brazeau, pour vous servir.

— Alma! Il me semble... À Ottawa, un jour...

— Taisez-vous, monsieur, vous n'avez pas le droit, elle est morte.

— Gustave, vas-tu cesser de l'importuner avec nos petites histoires de famille!

— Tu as raison, ma chérie, je vous laisse causer. À tout à l'heure.

En la couvant du regard, Jalbert eut vite fait d'expliquer sa présence au Manoir. Rentré d'Europe, devenu portraitiste à la mode, il parcourait les lieux huppés, les villégiatures de l'Ancien et du Nouveau Monde pour satisfaire sa clientèle. Et il s'empara de son poignet.

— Cher Léonce, dit-elle en se dégageant, jamais je ne poserai une seconde fois pour vous. Cher... Léonce...

Le navire entrait dans la rade de Tadoussac. Jalbert devait s'arrêter au grand hôtel. Il franchit la passerelle sans se retourner. Mais il abandonna son matériel sur le quai et s'échappa vers la plage, courant à perdre haleine. Par le hublot de sa cabine, Gustave put le suivre d'un œil indifférent. Marie-Laure arpentait le pont supérieur, tantôt regardant, tantôt se détournant. Elle le vit disparaître au détour d'une pointe rocheuse. Elle eut soudain le vague à l'âme. Elle rêva d'une suite plutôt que d'une fuite.

Le peintre la plaçait debout, contre une haute falaise de sable pur. Il tournait autour d'elle en l'examinant à travers pouce et index arrondis.

— Malheur, comment choisir ? Tous les angles sont beaux !

— Flatteur !

En un temps record, il traçait une demi-douzaine d'esquisses.

— On monte ?

— Là-haut ?

Ils se jetaient en riant à l'assaut de la falaise, perdant pied, dérapant, se retenant à la moindre touffe d'herbe. À bout de souffle, ils se laissaient tomber au creux de la dune, main dans la main. Puis ils exploraient ensemble le blond domaine sablonneux. Léonce multipliant les esquisses. Et ils s'assoyaient face à face, resplendissants de soleil, les yeux plissés.

— Je veux te voir nue tout de suite, soufflait-il.
— Toi d'abord.

Il se révélait à elle, noueux, long, fort et fragile à la fois. Elle était devant lui comme la déesse Terre à sa sortie de l'océan. Leur premier baiser... de miel et de musc. Il lui mettait derrière l'oreille mille petits compliments qui la faisaient rougir...

Le *Tadoussac* s'était engagé dans le Saguenay, flanqué par les bélugas et les mouettes. Immobile, l'œil fixe, accoudé à la rambarde, Gustave vit défiler Rivière-Sainte-Marguerite, L'Anse-Saint-Jean, Rivière-Éternité, Saint-Basile-de-Tableau, Sainte-Rose-du-Nord. Bientôt Bagotville et la route vers Chicoutimi. Depuis longtemps déjà, Marie-Laure était venue le rejoindre.

Ils eurent de longues, d'intenses, puis de tendres conversations. Gustave parvint à surmonter son deuil. Au retour, ils croisèrent le *Richelieu*, à bord duquel Jalbert avait fini par rembarquer, pour remonter à son tour le Saguenay. Comme de coutume, les passagers de l'un et l'autre bateau se hélèrent. Gustave ne vit rien qu'une masse indistincte, avec au-dessus des mains agitées. Marie-Laure aperçut, elle, un profil anguleux... qu'elle décida d'oublier. Qu'il rentre donc se terrer à Métabetchouan, sur le lac immense en amont de Chicoutimi! C'est là qu'il avait élu domicile, non? Et furtivement, elle déchira, pour l'abandonner au flot noir, le mince feuillet que Jalbert lui avait glissé quelques jours auparavant. Gustave et elle s'étaient rencontrés sur le quai d'une gare, ils s'étaient remarqués, avaient correspondu, s'étaient fréquentés. Ils ne s'étaient pas épousés à la légère. Le bonheur de leurs enfants leur tenait à cœur. Mont-Joli, Cap-Chat, Québec, Chicoutimi, Montréal, Détroit, Chicago, et combien d'autres lieux les avaient vus passer, séjourner ou s'installer ? Ils s'étaient aimés, certainement, malgré les obstacles, la distance, la malveillance ou l'injustice. Ils s'étaient battus aussi, pour étudier, travailler, progresser. Le bilan était plus que largement positif. Les bons moments devaient faire oublier le doute et la peine.

D'instinct, Gustave avait repris sa bonne humeur. Marie-Laure proposa d'interrompre leur croisière à Tadoussac. Ils se firent préparer un goûter fin. Sur le sentier des dunes, Gustave murmura :

— Quelle splendeur ! Le soleil revenu... Il me revient un goût d'enfance...

— Demain, nous louons un yacht !

— Tu n'as pas assez navigué, marin d'eau douce ?

— Ton goût d'enfance ! Nous aborderons Métis par la mer, en vainqueurs !

— Un peu plus et nous retournerions à Cap-Chat... Un jour...

— Trop, c'est trop.

Ils avaient atteint une pinède. Les mains encore encombrées, ils ne se lâchèrent plus du regard.

— Je veux te voir toute nue, tout de suite.
— Toi d'abord.

Il lui apparut puissant, musclé, très doux. Elle fut devant lui comme la déesse Terre à sa sortie de l'océan. Lents baisers, de miel et de musc. Mille petits compliments dans l'oreille la firent rougir. Elle lui bécota un mamelon.

Ils étaient allongés côte à côte et se contemplaient l'un l'autre dans toute leur splendeur charnelle. Gustave, parfois, avançait un coude, échangeait une caresse. Ou c'était elle qui le renversait et lui chevauchait les reins en fixant le soleil qui lui prodiguait sa palette de couleurs jusqu'au fond de l'iris. Les lèvres encore imbibées de leurs sucs amoureux, rituellement, ils se ressoudèrent dans une étreinte de commencement du monde.

Table

Première partie 7

Deuxième partie 89

Troisième partie 205

Cet ouvrage composé en
New Century Schoolbook
corps 12,5 sur 15
a été achevé d'imprimer
en mars mil neuf cent quatre-vingt-treize
sur les presses de l'Imprimerie Gagné,
Louiseville (Québec)